No-Shop-Vereinbarungen nach amerikanischem und deutschem Recht

Schriften zum Wirtschafts- und Medienrecht, Steuerrecht und Zivilprozeßrecht

Herausgegeben von Jürgen Costede
und Gerald Spindler

Band 33

PETER LANG
Frankfurt am Main · Berlin · Bern · Bruxelles · New York · Oxford · Wien

Karl Friedrich Balz

No-Shop-Vereinbarungen nach amerikanischem und deutschem Recht

PETER LANG
Internationaler Verlag der Wissenschaften

Bibliografische Information der Deutschen Nationalbibliothek
Die Deutsche Nationalbibliothek verzeichnet diese Publikation in der Deutschen Nationalbibliografie; detaillierte bibliografische Daten sind im Internet über <http://www.d-nb.de> abrufbar.

Zugl.: Göttingen, Univ., Diss., 2007

D 7
ISSN 1614-2071
ISBN 978-3-631-57853-7

www.peterlang.de

Inhaltsverzeichnis

I. Einleitung

Die Arbeit behandelt die Zulässigkeit von No-Shop-Vereinbarungen und die Rechtsfolgen gesellschaftsrechtlich unzulässiger No-Shop-Vereinbarungen nach amerikanischem und deutschem Recht. Nach einer Einführung in die Thematik (Teil I der Arbeit) wird in Teil II zunächst die Zulässigkeit von No-Shop-Vereinbarungen nach amerikanischem Recht untersucht, wobei das Gesellschaftsrecht des Staates Delaware zugrundegelegt wird. Im Anschluss daran wird in Teil III der Arbeit die Zulässigkeit von No-Shop-Vereinbarungen nach deutschem Recht geprüft und diskutiert. In den Teilen IV und V der Arbeit wird die Behandlung gesellschaftsrechtlich unzulässiger No-Shop-Vereinbarungen erörtert. Teil IV behandelt dabei die amerikanische Rechtsprechung, während Teil V die Rechtsfolgen unzulässiger No-Shop-Vereinbarungen nach deutschem Recht betrifft.[1]

A. Was sind No-Shop-Vereinbarungen?

No-Shop-Vereinbarungen gehören zur Familie der Deal Protection Devices. In den U.S.A. sind No-Shop-Vereinbarungen schon seit langem bekannt und üblich. Sie sind dort oft einer der am heftigsten verhandelten Punkte eines Unternehmenskaufvertrages. In Deutschland sind No-Shop-Vereinbarungen – wie Deal Protection Devices überhaupt – noch nicht so gebräuchlich. Mit der in den letzten Jahren verstärkten Investitionstätigkeit amerikanischer Investoren in Deutschland ist ihnen aber bereits der Einzug in deutsche Verträge gelungen.[2] Aufgrund der fortschreitendenden Internationalisierung des M&A-Geschäfts werden deutsche Anwälte zunehmend mit No-Shop-Vereinbarungen konfrontiert werden.[3]

Der Begriff „No-Shop-Vereinbarung“ wird nicht einheitlich verwandt. Zum Teil wird er als Oberbegriff für Klauseln benutzt, die sich in ihrer Intensität deutlich unterscheiden. Zur klaren Abgrenzung der einzelnen Klauselarten voneinander sollen in dieser Arbeit die folgenden Definitionen gelten: Der Begriff „No-

---

1 Frühere Versionen der Teile I, II und IV sind bereits unter dem Titel „No-Shop-Clauses“ im Delaware Journal of Corporate Law, Vol. 28, No. 2, S. 513 ff., 2003 erschienen.

2 *Banerjea*, DB 2003, 1489, 1498.

3 So für Break-Up Fees auch die Einschätzung von *Hopt*, ZGR 2002, 333, 362.

Shop-Vereinbarung“ ist der Oberbegriff, der folgende Unterarten umfasst: Eine „einfache No-Shop-Vereinbarung“ verpflichtet die Zielgesellschaft, während eines bestimmten Zeitraums nicht aktiv auf die Abgabe konkurrierender Übernahmeangebote hinzuwirken. Taucht ein Konkurrenzbieter allerdings dennoch auf, so verbietet die einfache No-Shop-Vereinbarung der Zielgesellschaft nicht, dem Konkurrenzbieter Informationen zur Verfügung zu stellen und mit ihm zu verhandeln. In diesem Punkt unterscheidet sie sich von einer „No-Talk-Vereinbarung“. Eine No-Talk-Vereinbarung verbietet der Zielgesellschaft jegliche Kontaktaufnahme mit Konkurrenzbietern. Die Zielgesellschaft darf Konkurrenzbietern weder Informationen zur Verfügung stellen noch mit ihnen verhandeln. Schließlich können sowohl einfache No-Shop-Vereinbarungen als auch No-Talk-Vereinbarungen mit „Fiduciary-Out-Klauseln“ versehen sein, die den Vorstand von der Einhaltung der No-Shop-Vereinbarung befreien, falls die Verpflichtungen aus der No-Shop-Vereinbarung nicht mit den Organ- und Treuepflichten des Vorstands in Einklang stehen.[4]

Ein anschauliches Beispiel einer No-Shop-Vereinbarung, und zwar einer No-Talk-Vereinbarung mit Fiduciary-Out-Klausel, ist Bestandteil des Merger Agreement zwischen Viacom Inc. und CBS Corporation:[5]

SECTION 6.05. No Solicitation of Competing Transactions. (a) CBS shall not, directly or indirectly, through any officer, director, agent or otherwise initiate, solicit, or knowingly encourage (including by way of furnishing non-public information), or take any other action knowingly to facilitate, any inquiries or the making of any proposal that constitutes, or may reasonably be expected to lead to, any Competing Transaction (as defined below), or enter into or maintain or continue discussions or negotiate with any person or entity in furtherance of such inquiries or to obtain a Competing Transaction, or agree to or endorse any Competing Transaction, or authorize any of the officers, directors or employees of CBS or any investment banker, financial advisor, attorney, accountant or other agent or representative of CBS to take any such action, and CBS shall notify Viacom as promptly as practicable of all of the relevant material details relating to all inquiries and proposals which CBS or any such officer, director, employee, investment banker, financial advisor, attorney, accountant or other agent or representative may receive relating to any of such matters, provided, however, that prior to the adoption of this Agreement by the shareholders of CBS, nothing contained in this Section 6.05 shall prohibit the Board of Directors of CBS from (i) furnishing information to, or entering into and engaging in discussions or negotiations with, any person that makes a bona fide unsolicited written proposal that the Board of Directors of CBS determines in good faith, after con-

4 Nicht selten übertragen Fiducuary-Out-Vereinbarungen die Entscheidung darüber, ob ihre Voraussetzungen erfüllt sind, auf ein unabhängiges Gremium.

5 Amended and restated agreement and plan of merger between Viacom Inc. and CBS Corporation dated as of September 6, 1999, as amended and restated as of October 8, 1999; weitere Beispiele von No-Shop-Vereinbarungen bei *Griffith*, 71 CARDOZO L. REV. 1899, 1901 Fn. 8 und 9 (2002 – 2003).

sulting with CBS's financial advisors and independent legal counsel, can be reasonably expected to result in a CBS Superior Proposal; provided that prior to furnishing such information to, or entering into discussions or negotiations with, such person, CBS (1) provides notice to Viacom to the effect that it is furnishing information to, or entering into discussions or negotiations with, such person and provides in any such notice to Viacom in reasonable detail the identity of the person making such proposal and the material terms and conditions of such proposal, (2) provides Viacom with all information regarding CBS provided or to be provided to such person which Viacom has not previously been provided, and provided further that CBS shall keep Viacom informed, on a prompt basis, of the status and material terms of any such proposal and the status of any such discussions and negotiations and (3) receives from such person or entity an executed confidentiality agreement containing customary terms (which need not contain „standstill" or similar provisions), (ii) complying with Rule 14e-2 promulgated under the Exchange Act with regard to a tender or exchange offer or making any disclosure required under applicable Law or (iii) failing to make or withdrawing or modifying its recommendation referred to in Section 6.01 following the making of a CBS Superior Proposal if, solely in the case of this clause (iii), the Board of Directors of CBS, after consulting with and based upon the advice of independent legal counsel, determines in good faith that such action is necessary for the Board of Directors of CBS to comply with its fiduciary duties under applicable law.

(b) For purposes of this Agreement, „Competing Transaction" shall mean any of the following involving CBS: (i) any merger, consolidation, share exchange, business combination, issuance or purchase of securities or other similar transaction other than the transaction specifically permitted pursuant to Section 5.01 of this Agreement; (ii) any sale, lease, exchange, mortgage, pledge, transfer or other disposition of the assets of CBS in a single transaction or series of related transactions; (iii) any tender offer or exchange offer for CBS securities or the filing of a registration statement under the Securities Act in connection with any such exchange offer; in the case of clause (i), (ii) or (iii) above, which transaction would result in a third party (or its shareholders) acquiring more than 35% of the voting power of the Shares then outstanding or more than 35% of the assets of CBS and its subsidiaries, taken as a whole; or (iv) any public announcement of an agreement, proposal, plan or intention to do any of the foregoing, either during the effectiveness of this Agreement or at any time thereafter.

(c) For purposes of this Agreement, a „CBS Superior Proposal" means any proposal made by a third party which would result in such party (or in the case of a parent-to-parent merger, its stockholders) acquiring, directly or indirectly, including pursuant to a tender offer, exchange offer, merger, consolidation, share exchange, business combination, share purchase, asset purchase, recapitalization, liquidation, dissolution, joint venture or similar transaction, more than 50% of the voting power of the Shares then outstanding or all or substantially all the assets of CBS and its subsidiaries, taken as a whole, for consideration which the Board of Directors of CBS determines in its good faith judgment to be more favorable to CBS's shareholders than the Merger.

B. Andere Deal Protection Devices

No-Shop-Vereinbarungen sind nicht die einzige Art der Deal Protection Devices. Ebenfalls beliebt und häufig sind Break-Up Fees, Lock-Ups, Stock Options und Recommendation Agreements. Regelmäßig verlassen sich die Parteien einer Transaktion nicht auf nur eine Deal-Protection-Maßnahme, sondern schnüren sie aus mehreren ein Paket.

1. Break-Up Fees

Break-Up Fees lösen im Falle des Scheiterns der Transaktion – beispielsweise weil die Aktionäre der Zielgesellschaft das Übernahmeangebot nicht annehmen – eine Zahlungspflicht der Zielgesellschaft aus.[6] Die Gerichte des Staates Delaware beanstanden Break-Up Fees bis zu einer Höhe von drei bis vier Prozent des Transaktionsvolumens in aller Regel nicht.[7] Rule 21.2 des englischen City Code on Takeovers and Mergers besagt, dass die Höhe einer Break-Up Fee normalerweise ein Prozent des Transaktionsvolumens nicht überschreiten darf.[8] Die Zulässigkeit von Break-Up Fees nach deutschem Recht ist noch nicht abschließend geklärt.[9] *Hopt* hält sie für unbedenklich, solange sie lediglich dem Zweck dienen, den Bieter vor wesentlichen Verlusten zu bewahren.[10] *Banerjea* will ihre Zulässigkeit von ihrer Angemessenheit abhängig machen, die unter Würdigung aller Umstände zu beurteilen sei.[11] Zu diesen zählt er die Erforderlichkeit der Fee für das Zustandekommen des Unternehmenskaufs, dessen Bedeutung für die Parteien, die Höhe des Aufwands des Bieters, die Wahrscheinlichkeit des Scheiterns

---

6 *Varallo/Raju*, 55 BUS. LAW. 1609, 1612 f. und n. 9 (2000).

7 *Varallo/Raju*, 55 BUS. LAW. 1609, 1613 und n. 9 (2000).

8 Der vollständige Wortlaut der Rule 21.2 des City Code lautet:
„In all cases where an inducement fee is proposed, certain safeguards must be observed. In particular, an inducement fee must be de minimis (normally no more than 1% of the value of the offeree company calculated by reference to the offer price) and the offeree company board and its financial adviser must confirm to the Panel in writing that, inter alia, they each believe the fee to be in the best interest of shareholders. Any inducement fee arrangement must be fully disclosed in the announcement made under Rule 2.5 and in the offer document. Relevant documents must be put on display in accordance with Rule 26.
The Panel should be consulted at the earliest opportunity in all cases where an inducement fee or any similar arrangement is proposed."

9 Vgl. *Hopt*, ZGR 2002, 333, 362.

10 *Hopt*, ZGR 2002, 333, 363.

11 *Banerjea*, DB 2003, 1489, 1492.

der Transaktion und den über die Transaktionskosten hinausgehenden möglichen Schaden des Bieters.[12] *Sieger* und *Hasselbach* halten eine Break-Up Fee in Höhe von einem Prozent des Transaktionsvolumens in der Regel noch für zulässig.[13] Unzulässig ist eine Break-Up Fee aber jedenfalls dann, wenn ihre Höhe die Entscheidungsfreiheit der Aktionäre der Zielgesellschaft beeinträchtigt, weil die Break-Up Fee das Vermögen der Gesellschaft erheblich belasten würde.[14]

2. *Lock-Ups*

Lock-Ups räumen dem Bieter die Option ein, Aktien der Zielgesellschaft zu erwerben, Stimmrechte auszuüben oder einen wichtigen Vermögenswert der Zielgesellschaft zu kaufen.[15] Die Zulässigkeit von Lock-Ups nach amerikanischem Recht ist außerordentlich einzelfallbezogen[16] und soll in dieser Arbeit nicht näher behandelt werden. Die Faustregel lautet, dass Lock-Ups die Entscheidung der Aktionäre über das Angebot weder vereiteln noch die Aktionäre zur Annahme des Angebots zwingen dürfen. Die Zulässigkeit von Lock-Ups nach deutschem Recht soll sich ebenfalls danach richten, ob die Vereinbarung die Aktionäre der Zielgesellschaft in ihrer Entscheidungsfreiheit beeinträchtigt. Aktienoptionen, die den Bieter zum Erwerb eines einstelligen Prozentsatzes vom Grundkapital der Zielgesellschaft berechtigen, sollen zulässig sein.[17] Dies ergebe sich auch aus § 192 Abs. 3 AktG.[18] Zu Recht wird dabei darauf hingewiesen, dass zumindest die Vereinbarung der Option, einen wichtigen Vermögenswert oder Betriebsteil zu kaufen, aufgrund der „Holzmüllergrundsätze“ eine Ermächtigung des Vorstands durch einen Hauptversammlungsbeschluss voraussetzt.[19]

3. *Stock Options*

Stock Options zählen zu den Lock-Ups. Sie verdienen aber eine kurze gesonderte Erörterung. Stock Options räumen dem Bieter unter bestimmten vereinbarten

---

12 *Banerjea*, DB 2003, 1489, 1492.
13 *Sieger/Hasselbach*, BB 2000, 625, 628.
14 Vgl. *Banerjea*, DB 2003, 1489, 1491; *Sieger/Hasselbach*, BB 2000, 625, 628.
15 *Varallo/Raju*, 55 BUS. LAW. 1609, 1617 (2000). Die Option, einen wichtigen Vermögenswert der Zielgesellschaft zu erwerben wird auch Crown Jewel Option genannt.
16 *Varallo/Raju*, 55 BUS. LAW. 1609, 1617 (2000).
17 *Banerjea*, DB 2003, 1489, 1492.
18 So *Banerjea*, DB 2003, 1489, 1492.
19 *Banerjea*, DB 2003, 1489, 1492.

Umständen das Recht ein, eine bestimmte Anzahl von Aktien der Zielgesellschaft zu einem festgelegten Preis zu erwerben. Stock Options sind für den Bieter unter mehreren Gesichtspunkten vorteilhaft. Zum einen führen sie dazu, dass der Erstbieter mittelbar an einem besseren Drittangebot partizipiert, weil der Wert seiner Stock Options mit dem Wert der Aktien der Zielgesellschaft steigt. Zum anderen können umfangreiche Stock Options und der mit ihnen einhergehende Umstand, dass der Erstbieter zu jeder Zeit in der Lage ist, eine beträchtliche Anzahl von Aktien der Zielgesellschaft zu erwerben, einen Konkurrenzbieter davon abschrecken, die Aktionäre der Zielgesellschaft direkt im Rahmen einer Tender Offer[20] anzusprechen. Schließlich vereitelten Stock Options in der Vergangenheit nach amerikanischem Recht für den Konkurrenzbieter die Möglichkeit des Pooling of Interests, einer vorteilhaften Bilanzierungsart. Im Juni 2001 hat das Financial Accounting Standards Board diese Bilanzierungsart und damit die wohl schwerwiegenste Konsequenz von Stock Options als Deal Protection Device abgeschafft.[21] Stock Options haben damit als Deal Protection Device deutlich an Bedeutung verloren.[22]

4. Recommendation Agreements

Recommendation Agreements verpflichten den Vorstand einer Zielgesellschaft, ihren Aktionären die Annahme des Angebotes zu empfehlen. Ist das Angebot zum Zeitpunkt der Hauptversammlung nicht mehr empfehlenswert, kollidiert diese vertragliche Verpflichtung mit den Organ- und Treuepflichten des Vorstands, die eine offene und ehrliche Stellungnahme des Vorstands verlangen. Laut *Allen* muss deshalb jede Vereinbarung, die den Vorstand der Zielgesellschaft zu einer Empfehlung des Angebots zu einem zukünftigen Zeitpunkt verpflichtet, mit einer Fiduciary-Out-Klausel versehen sein.[23] In diesem Zusammenhang ist interessant, dass Amendment of Section 251(c) des Delaware General Corporation Law[24] den Direktoren nun ausdrücklich gestattet, der Hauptversammlung eine Transaktion zur Abstimmung vorzulegen, ohne die Transaktion dabei zu empfehlen.[25] Eine Vereinbarung, welche die Direktoren lediglich dazu verpflichtet, eine Entschei-

---

20 Als Tender Offer bezeichnet man ein Angebot, Aktien der Zielgesellschaft zu kaufen, das direkt an die Aktionäre der Zielgesellschaft gerichtet ist.

21 Siehe Statement of Financial Accounting Standards No. 141: Business Combinations, FIN. ACCT. SERIES, No. 221-B (2001).

22 Vgl. *Lipton/Steinberger*, Takeovers & Freezeouts, §§ 5A.03[1], 5A.03[2] (2002).

23 *Allen*, 55 BUS. LAW. 653, 658 (2000).

24 DEL. CODE ANN. tit. 8, § 251(c) (2003).

25 DEL. CODE ANN. tit. 8, § 251(c) (2003).

dung der Hauptversammlung über das Angebot herbeizuführen, ist somit nach amerikanischem Recht grundsätzlich zulässig.[26]

C. Wozu Deal Protection?

Unternehmenskäufe führen zu einer ungewöhnlichen Situation. Weil die Hauptversammlung über das Angebot entscheiden muss, wegen der einzuholenden kartellrechtlichen Genehmigungen, der Ausgabe und Registrierung von in der Transaktion auszutauschenden Aktien und der Vorbereitung und Anmeldung von Proxy Statements liegt zwischen dem Signing und dem Closing einer Transaktion ein Zeitraum von zwei bis vier Monaten.[27] Ein Konkurrenzbieter hat deshalb ausreichend Zeit, um sein Konkurrenzangebot vorzubereiten und die geplante Transaktion zu stören.[28] Oft sind aber der Bieter, die Zielgesellschaft oder beide stark an einer erfolgreichen Transaktion interessiert. Ihnen ist dann daran gelegen, unwillkommene Bieter von der Abgabe eines konkurrierenden Angebots abzuhalten.

Bei Abgabe eines Angebots sind dem Bieter regelmäßig schon beträchtliche „Up-Front-Kosten“ entstanden. Sowohl die Suche nach einer geeigneten Zielgesellschaft und nach eventuellen Synergieeffekten als auch die rechtliche und betriebswirtschaftliche Vorbereitung eines Angebots kosten Zeit und Geld.[29] Der Bieter möchte deshalb unter allen Umständen vermeiden, dass sein Deal zum Auslöser eines Konkurrenzkampfes verschiedener Bieter wird und ein trittbrettfahrenden Konkurrent ihm das günstige Geschäft vor der Nase wegschnappt.[30] Außerdem entstehen dem Bieter Opportunitätskosten.[31] Indem er nämlich seine

---

26 *Allen*, 55 BUS. LAW. 653, 658 (2000).

27 Vgl. *Bainbridge*, 75 MINN. L. REV. 239, 241 (1990).

28 Nach amerikanischem Recht muss eine Transaktion spätestens zum Zeitpunkt des Signing bekannt gemacht werden. Siehe auch Basic v. Levinson, 485 U.S. 224 (1988) (wo es heist, dass „materiality in the merger context depends on the probability that the transaction will be consummated, and its significance to the issuer of the securities“).

29 *Bainbridge*, 75 MINN. L. REV. 239, 242 (1990); *Easterbrook/Fischel*, 35 STAN. L. REV. 1, 3 ff. (1982); *Kahan/Klausner*, 48 STAN. L. REV. 1539, 1547 (1996) (die feststellen, dass sich die Kosten eines Angebots aus „the costs of investigating and estimating the value of the target company, lining up financing, complying with governmental regulations, preparing documents, and potentially litigating“ zusammensetzten); *Regan*, CARDOZO L. REV. 1, 4 (1999).

30 *Allen*, 55 BUS. LAW. 653 (2000).

31 Siehe Brazen v. Bell Atlantic Corp., 695 A.2d 43, 45 (Del. 1997) („[T]he parties took into account the losses each would have suffered as a result of having focused attention solely on the merger to the exclusion of other significant opportunities. ... The

Kraft und Energie auf die ausgewählte Transaktion konzentriert, versäumt er unter Umständen anderweitige attraktive Gelegenheiten zum Kauf eines Unternehmens. Es ist deshalb verständlich, dass amerikanische Bieter regelmäßig auf der Vereinbarung von Deal Protection Devices bestehen.[32]

Obwohl es nicht ganz so offensichtlich ist, kann Deal Protection auch im Interesse der Zielgesellschaft sein. Zum einen kann eine Zielgesellschaft nämlich Gefahr laufen, ein attraktives Angebots zu verlieren, falls sie dem Bieter keine Sicherheit durch die Gewährung von Deal Protection Devices bietet.[33] Zum anderen kann die Zielgesellschaft Deal Protection Devices als Verhandlungswerkzeug einsetzen und sich deren Vereinbarung mit einer Prämie zum ursprünglich gebotenen Kaufpreis bezahlen lassen.[34] Außerdem bietet Deal Protection nicht nur den unmittelbar beteiligten Parteien der Transaktion Gewissheit, sondern auch den Arbeitnehmern, Lieferanten und Gläubigern der Zielgesellschaft, die der Gesellschaft ohne diese Gewissheit vielleicht den Rücken kehren würden.[35]

Schließlich sei erwähnt, dass die Möglichkeit zur Deal Protection wirtschaftspolitisch erhaltenswert ist. Ohne sie könnte es potentiellen Bietern nämlich an Motivation mangeln, die Mühen und Kosten einer Suche nach einer passenden Zielgesellschaft und der Vorbereitung eines Angebots auf sich zu nehmen, was wiederum zu einem Verlust an Investitionen in Unternehmenskäufe betreffende Informationen führen könnte.[36]

‚lost opportunity' cost issue loomed large."). Siehe auch *Bainbridge*, 75 MINN. L. REV. 239, 242 (1990); *Regan*, CARDOZO L. REV. 1, 4 (1999); *Brantley*, 81 TEX. L. REV. 345, 347 (2002 – 2003); *Griffith*, 71 CARDOZO L. REV. 1899, 1900 (2002 – 2003).

32 Es soll aber nicht unerwähnt bleiben, dass ein Bieter nach amerikanischem Recht auch ohne Deal Protection nicht völlig schutzlos dasteht. Falls er nachweisen kann, dass der Konkurrenzbieter sich vorsätzlich über den bereits bestehenden Vertrag des Erstbieters hinweggesetzt hat, steht ihm ein Anspruch auf Schadensersatz wegen „tortuous interference with contract" zu. Der berühmteste und berüchtigtste Fall in diesem Zusammenhang ist Texaco, Inc. v. Pennzoil Co. Siehe Texaco v. Pennzoil Co., 729 S.W.2d 768 (Tex. App. 1987), writ of error refused 748 S.W.2d 631 (Tex. 1988), cert. Dismissed, 485 U.S. 994 (1988).

33 Siehe *Allen*, 55 BUS. LAW. 653, 654 (2000) („In the end, the final justification for a target agreeing to terms of this sort – which restrict its future functioning in some respects – is that failing to do so involves an unacceptable risk of loss of a highly desired contract.").

34 Siehe *Hanewicz*, 28 J. CORP. L. 205, 232 (2003); vgl. auch *Brantley*, 81 (2002 – 2003) TEX. L. REV. 345, 352, 368.

35 Vgl. *Griffith*, FORDHAM L. REV. 1899, 1901 (2002 – 2003).

36 Siehe *Allen*, 55 BUS. LAW. 653, 654 n. 1 (2000); *Easterbrook/Fischel*, 35 STAN. L. REV. 1, 7 (1982); *Taylor*, 74 TUL. L. REV. 561, 598 (1999).

D. Warum ist Deal Protection problematisch?

Obwohl Deal Protection Devices oft im Interesse der Gesellschaft und ihrer Aktionäre eingesetzt werden, können sie leicht mit den Organ- und Treuepflichten der Geschäftsleiter kollidieren. Zumindest im amerikanischen Recht ist weitgehend anerkannt, dass die Direktoren verpflichtet sind, das Vermögen ihrer Aktionäre zu maximieren.[37] Deal Protection beschneidet die Geschäftsführung einer Zielgesellschaft aber in ihren Möglichkeiten, weitere Angebote einzuholen oder zu verhandeln.[38] Auch kann sie dazu führen und besteht ihr Zweck nicht zuletzt darin, Konkurrenzbieter von vornherein abzuschrecken und feindliche konkurrierende Angebote schon im Keime zu ersticken. So liegt der Zweck einer Break-Up Fee in der Praxis weniger darin, den Erstbieter im Falle eines gescheiterten Deal für seine mit der Abgabe seines Angebots entstandenen Kosten zu entschädigen, als darin, Konkurrenzbieter mit der Break-Up Fee zu belasten. Denn die Break-Up Fee wird letztlich vom obsiegenden Konkurrenzbieter bezahlt, den die Verpflichtungen der Zielgesellschaft letztlich treffen.[39] Dies führt dazu, dass ein Konkurrenzangebot in doppelter Hinsicht teuer ist. Zum einen muss es das Erstangebot übertreffen, um für die Aktionäre der Zielgesellschaft attraktiv zu sein, und zum anderen ist die Break-Up Fee auf den Kaufpreis aufzuschlagen.[40] Ähnlich abschreckend kann eine No-Talk-Vereinbarung wirken. Die Verpflichtung der Zielgesellschaft, Konkurrenzbietern keine Informationen zur Verfügung zu stellen, behindert potentielle Konkurrenzbieter nämlich erheblich in ihrer Due

---

37 Die Frage des Gesellschaftszwecks ist auch in Amerika lange und keineswegs abschließend erörtert worden. Jede augenblickliche Antwort auf sie wird mit dem Wandel der Zeit, ideologischer Anschauungen und gesellschaftspolitischen Zielsetzungen an Gültigkeit verlieren. Siehe *Allen*, 14 CARDOZO L. REV. 261, 281 (1992). Aufgrund der zunehmenden Globalisierung der Kapitalmärkte in den letzten Jahrzehnten hat sich zumindest im amerikanischen Recht jedoch ein Trend weg vom Stakeholder-Value-Ansatz und hin zum Shareholder-Value-Ansatz entwickelt. Siehe *Goldschmidt*, 1994 A.L.I.'s Principles of Corporate Governance, Part II, § 2.01.

38 *Lebovitch/Morrison*, 2001 COL. BUS. L. REV. 1, 2.

39 Vgl. *Brantley*, 81 TEX. L. REV. 345, 347 (2002 – 2003); *Griffith*, 71 (2002 – 2003) FORDHAM L. REV. 1899, 1903.

40 *Griffith* stellt in 71 (2002 – 2003) FORDHAM L. REV. 1899, 1903 fest, dass eine Break-Up Fee denjenigen Konkurrenzbieter abschreckt, der bereit wäre, eine Prämie zum Erstangebot zu bezahlen, der aber nicht bereit ist zusätzlich auch noch die Kosten der Break-Up Fee auf sich zu nehmen. Um dieses Argument vollständig würdigen zu können, lohnt es sich, sich vor Augen zu halten, dass Break-Up Fees in die Milliardenbeträge gehen. Vgl. beispielsweise die Break-Up Fees in den Mergerverträgen zwischen Exxon und Mobil ($ 2,5 Milliarden) oder Warner-Lambert und American Home Products ($ 2,0 Milliarden). *Coates & Subramanian*, 53 STAN. L. REV. 307, 382, Fn. 210 (2000 – 2001).

Diligence Untersuchung.[41] Dies hat zur Folge, dass ein Konkurrenzangebot zu einem schwer abschätzbaren wirtschaftlichen Risiko für jeden potentiellen Bieter wird.[42] All diese Folgen von Deal Protection Devices setzen die Aktionäre der Zielgesellschaft zwangsläufig der Gefahr aus, ein wertvolleres Angebot zu verpassen.[43] Auch ist es möglich, dass ein gesicherter Deal die Geschäftsleiter dazu bewegt, ihren Aktionären ein zweitklassiges Angebot zur Abstimmung vorzulegen.[44]

Einige Deal Protection Devices bergen auch die Gefahr in sich, die Aktionäre der Zielgesellschaft faktisch zur Annahme eines Angebotes zu zwingen oder die Abstimmung über das Angebot vollständig zu untergraben. Einschneidende Break-Up Fees beispielsweise können die Ablehnung eines Angebots so unwirtschaftlich werden lassen, dass die Aktionäre der Zielgesellschaft praktisch keine Wahl haben.[45] Lock-Ups, die dem Bieter die Option einräumen, eine große Anzahl von Aktien der Zielgesellschaft zu erwerben, können die Abstimmung der Aktionäre der Zielgesellschaft faktisch überflüssig werden lassen, weil der Bieter unabhängig vom Ausgang der Abstimmung beträchtliche und eventuell sogar die Gesellschaft kontrollierende Gesellschaftsanteile erwirbt. Von No-Shop-Vereinbarungen gehen diese Gefahren für die Aktionäre der Zielgesellschaft aber nicht aus. No-Shop-Vereinbarungen verbieten nämlich lediglich der Geschäftsführung der Zielgesellschaft die Suche nach weiteren Angeboten beziehungsweise die Kontaktaufnahme mit Konkurrenzbietern. Anders als Break-Up Fees und Lock-Ups knüpfen sie aber keine Nachteile an die Ablehnung des Angebots durch die Hauptversammlung.[46]

Unternehmenskäufe führen nicht selten zu einem Konflikt zwischen den Aktionären und den Geschäftsleitern der Zielgesellschaft.[47] Während die Aktionäre der Zielgesellschaft vor allem an einem hohen Kaufpreis interessiert sind, fürchten die Geschäftsleiter der Zielgesellschaft oft um ihre Position oder streben sie

41 *Griffith*, 71 FORDHAM L. REV., 1899, 1903 (2002 – 2003).

42 *Griffith*, 71 FORDHAM L. REV., 1899, 1903 (2002 – 2003).

43 Konkurrierenden Bietern ist es allerdings stets unbenommen, die No-Shop-Vereinbarungen mittels einer Tender Offer, das heißt, eines Angebotes direkt an die Aktionäre der Zielgesellschaft, zu umgehen. In diesem Sinne mögen No-Shop-Vereinbarungen weniger einschneidend und gefährlich sein, als andere Deal Protection Devices. Siehe *Bainbridge*, 75 MINN. L. REV. 239, 249 (1990).

44 Die Beweggründe für ein solches Verhalten mögen, wie beispielsweise im Falle einer hohen und kostspieligen Break-Up Fee, durchaus rationaler Art sein. Das ändert aber nichts daran, dass die vorgeschlagene Transaktion an sich nicht die optimale ist.

45 *Lebovitch/Morrisson*, 2001 COL. BUS. L. REV. 1, 14; *Sieger/Hasselbach*, BB 2000, 625, 628.

46 Siehe auch *Banerjea*, DB 2003, 1489, 1491.

47 *Bainbridge*, 75 MINN. L. REV. 239, 272 (1990).

umgekehrt nach mehr Einfluss oder erhoffen sie sich von der Transaktion finanzielle Vorteile etwa in Form attraktiver Vergütungs- oder Abfindungsverträge.[48] Geschäftsleiter mögen deshalb versucht sein, Deal Protection Devices aus eigennützigen Motiven zuzustimmen und dabei die Interessen der Gesellschaft oder ihrer Aktionäre zu vernachlässigen. Schließlich ist denkbar, dass die Geschäftsführung sich Deal Protection Devices beispielsweise mit attraktiven Anstellungsverträgen bezahlen lässt.[49]

Es ist festzuhalten, dass Deal Protection Devices und damit No-Shop-Vereinbarungen nicht unproblematisch sind, sondern viele Fragen hinsichtlich der Organ- und Treuepflichten der Geschäftsleiter der Zielgesellschaft aufwerfen. Da die Zulässigkeit von No-Shop-Vereinbarungen sowohl nach amerikanischem als auch nach deutschem Recht noch weitgehend ungeklärt ist, lohnt es sich, diese Zulässigkeit zu untersuchen und zu diskutieren.

---

48 *Bainbridge*, 75 MINN. L. REV. 239, 273 (1990).

49 *Bainbridge*, 75 MINN. L. REV. 239, 273 f. (1990).

II. Die Zulässigkeit von No-Shop-Vereinbarungen nach amerikanischem Recht

Das amerikanische Recht zur Zulässigkeit von No-Shop-Vereinbarungen befindet sich noch in der Entwicklung. Obwohl die Gerichte des Staates Delaware sich in jüngerer Zeit vermehrt mit No-Shop Clauses auseinandergesetzt haben, fehlt es bislang an klaren und verlässlichen Präzedenzfällen. Stattdessen ist die Rechtsprechung unübersichtlich, verwirrend und auf den ersten Blick hochgradig einzelfallorientiert. Auf den folgenden Seiten wird der Versuch unternommen, in der Rechtsprechung des Staates Delaware zu No-Shop-Vereinbarungen dennoch einen roten Faden zu erkennen und allgemeingültige Regeln aus ihr abzuleiten.

Die Zulässigkeit von No-Shop-Vereinbarungen hängt maßgeblich von ihrem Beurteilungsmaßstab („Standard of Review") ab. Es lohnt sich deshalb, sich zunächst einmal einen Überblick über die verschiedenen Standards of Review im amerikanischen Gesellschaftsrecht und deren gesellschaftspolitische Gründe und Zielsetzungen zu verschaffen, bevor man sich der komplexen Frage der Zulässigkeit von No-Shop-Vereinbarungen zuwendet.

A. Standards of Review im amerikanischen Gesellschaftsrecht

Wie auch andere Rechtsgebiete des amerikanischen Rechts ist das amerikanische Gesellschafts- und vor allem Übernahmerecht von verschieden strengen Standards of Review geprägt. Die Bandbreite der Standards of Review reicht von einem den Direktoren einen weiten Ermessensspielraum einräumenden Standard (der „Business Judgment Rule") über Standards, welche die Verhaltenspflichten der Direktoren konkretisieren und einer weitergehenden gerichtlichen Kontrolle unterwerfen („Intermediate Standards") bis hin zu einem äußerst strengen Standard of Review („Standard of Strict Scrutiny"), dessen Anforderungen nur schwer und mit Mühe zu erfüllen sind.[50]

---

50 Das Prinzip verschieden strenger Standards of Review ist keine Besonderheit des amerikanischen Gesellschaftsrechts. Vielmehr durchzieht dieses Prinzip das ganze amerikanische Recht. Ein prominentes weiteres Beispiel für seine Anwendung ist das Verfassungsrecht, wo es insbesondere in der Equal-Protection-Rechtsprechung seinen Niederschlag gefunden hat.

1. Die Business Judgment Rule

Die meisten unternehmerischen Entscheidungen werden an der wenig strengen Business Judgment Rule gemessen.[51] Die Business Judgment Rule besteht aus einer materiellrechtlichen und einer prozessrechtlichen Komponente. Materiellrechtlich schützt sie die Direktoren vor der Haftung, sofern diese ihre Entscheidung auf einer „informed basis ..., in good faith and in the honest belief that the action taken was in the best interest of the company" getroffen haben.[52] Prozessrechtlich enthält die Business Judgment Rule eine Vermutung dafür, dass die Direktoren die materiellrechtlichen Voraussetzung des Haftungsprivilegs erfüllt haben.[53] Um diese Vermutung zu erschüttern, muss ein Kläger substantiiert darlegen, dass die Direktoren, beispielweise weil sie nicht angemessen informiert waren, grob fahrlässig gehandelt haben.[54] Diese Verlagerung der Darlegungslast auf den Kläger bestimmt in aller Regel den Ausgang von Haftungsfällen.[55] Sie bietet den Direktoren deshalb einen wirksamen Schutz vor der Haftung für Entscheidungen, die sich im Nachhinein als falsch oder unglücklich erwiesen haben.[56]

Sinn und Zweck der Business Judgment Rule ist der Schutz der Direktoren vor „substantive second guessing by ill-equipped judges or juries, which would, in the long run, be injurious to investor interests".[57] Unternehmerische Entschei-

---

51 *Varallo/Raju*, 55 BUS. LAW. 1609, 1627 (2000).

52 Cede & Co. v. Technicolor, Inc. (Technicolor II), 634 A.2d 345, 360 f. (Del. 1993); Ivanhoe Partners v. Newmont Mining Corp., 535 A.2d 1334, 1341 (Del. 1987); Aronson v. Lewis, 473 A.2d 805, 812 (Del. 1984). Siehe auch *Lipton/Steinberger*, Takeovers & Freezeouts, § 5 A.01[1], die aus Ivanhoe Partners v. Newmont Mining Corp., 535 A.2d 1334, 1341 (Del. 1987), zitieren.

53 Cede & Co. v. Technicolor, Inc. (Technicolor II), 634 A.2d 345, 360 f. (Del. 1993); Ivanhoe Partners v. Newmont Mining Corp., 535 A.2d 1334, 1341 (Del. 1987); Aronson v. Lewis, 473 A.2d 805, 812 (Del. 1984). Siehe auch *Lipton/Steinberger*, Takeovers & Freezeouts, § 5 A.01[1], die aus Ivanhoe Partners v. Newmont Mining Corp., 535 A.2d 1334, 1341 (Del. 1987), zitieren.

54 Smith v. Van Gorkom, 488 A.2d 858, 874 (Del. 1985) (In dieser Entscheidung wurde den Direktoren der Schutz der Business Judgment Rule verwehrt, weil sie es versäumt hatten, vor ihrer Zustimmung zu einem Merger alle zugänglichen und wichtigen Informationen – darunter ein Gutachten einer Investmentbank – einzuholen und auszuwerten.); Aronson, 473 A.2d 805, 812 (Del. 1984) (In dieser Entscheidung heißt es, dass die Direktoren nach der Business Judgment Rule verpflichtet sind, sich vor einer unternehmerischen Entscheidung zu informieren, und dass der Haftungsmaßstab die grobe Fahrlässigkeit ist.); *Lipton/Steinberger*, Takeovers & Freezeouts, § 5 A.01[1] [a][i].

55 Siehe *Block/Barton/Radin*, The Business Judgment Rule, S. 19.

56 *Klein/Coffee, Jr.*, Business Organisation and Finance, S. 150.

57 In re Caremark Int'l, Inc. Derivative Litig., 698 A.2d 959, 967 (Del.CH. 1996).

dungen sind von Natur aus mit Unsicherheiten und Risiko behaftet, und es ist weder aus der Sicht des einzelnen Investors noch gesamtwirtschaftlich betrachtet erstrebenswert, Direktoren davon abzuhalten, vernünftig abgewogene Wagnisse einzugehen, welchen die Möglichkeit enormer Gewinne gegenübersteht.[58] Die Business Judgment Rule ermutigt mit anderen Worten zu einem vernünftigen Maß an Risikobereitschaft und zu Unternehmertum.[59]

2. *Der Entire Fairness Test*

Das Gegenstück zur wenig strengen Business Judgment Rule ist der Entire Fairness Test. Eine Entscheidung der Direktoren muss den Anforderungen des Entire Fairness Tests genügen, wenn die Mehrheit der Direktoren bei der Transaktion sowohl auf Verkäufer- als auch auf Käuferseite auftritt und deshalb einem Interessenkonflikt ausgesetzt ist.[60] In Weinberger v. UOP, Inc., hat Justice Moran erklärt, dass

> [t]he concept of fairness has two basic aspects: fair dealing and fair price. The former embraces questions of when the transaction was timed, how it was initiated, structured, negotiated, ... and how the approvals of the ... stockholders were obtained. The latter aspect of fairness relates to the economic and financial considerations of the proposed [transaction], including all relevant factors: assets, market value, earnings, future prospects, and any other elements that affect the intrinsic or inherent value of a company's stock.[61]

---

58 Siehe *Block/Barton/Radin*, The Business Judgment Rule, S. 21 f. Hinsichtlich des einzelnen Investoren ist dieses Argument besonders überzeugend, wenn man der Portfolio-Theorie folgt, nach der Investoren weit gestreute Portfolios halten und nach der sich das mit einer Aktie verbundene Risiko deshalb für den Investoren reduziert. Siehe *Mitchell/Cunningham/Solomon*, S. 240. Was die gesamtwirtschaftliche Betrachtung angeht, besteht die Sorge, dass risikoscheue Direktoren die wirtschaftliche Weiterentwicklung dämpfen könnten.

59 *Alexander*, 26 DEL. J. CORP. L., 897, 899, 901 (2001); *Varallo/Raju*, 26 DEL. J. CORP. L. 975, 977 (2001).

60 *Lipton/Steinberger*, Takeovers & Freezeouts, § 5 A.01. Das Schulbeispiel für die Anwendung des Entire Fairness Test ist der Management Buy Out. Der Entire Fairness Test wird außerdem auf Fälle angewandt, in denen Mehrheitsaktionäre sich möglicherweise auf Kosten der Minderheitsaktionäre bereichert haben. Siehe zum Beispiel Gabelli & Co. v. Liggett Group, Inc., 444 A.2d 261 (Del. Ch. 1982), aff'd 479 A.2d 276 (Del. 1984).

61 Weinberger v. UOP, Inc. 457 A.2d 701, 711 (Del. 1983). Siehe auch Cinerama, Inc. v. Technicolor, Inc., 663 A.2d 1134, 1140 (Del. Ch. 1994) (Technicolor), aff'd, 663 A.2d 1156 (Del. 1995) („Thus in assessing overall fairness (or entire fairness) ... the

Was die Darlegungslast betrifft, so obliegt es dem Kläger lediglich, die Unfairness der Transaktion entweder hinsichtlich des Verfahrens oder des Preises plausibel zu behaupten.[62] Ist dem Kläger dies gelungen, verlagert sich die Beweislast und obliegt es den Direktoren, die Entire Fairness der Transaktion zu beweisen.[63]

Die Ratio des Entire Fairness Test liegt auf der Hand und bedarf deshalb keiner ausführlichen Erklärung. Direktoren, die auf beiden Seiten der Transaktion auftreten und deren eigene Interessen betroffen sind, unterliegen einem Interessenkonflikt und gefährden die Interessen der Aktionäre der Zielgesellschaft somit außerordentlich. Grundsätzlich sollten sie deshalb nicht selbst über die Transaktion entscheiden, sondern ein unabhängiges Gremium berufen. Behalten die Direktoren die Zügel aber dennoch in der Hand und entscheiden sie selbst über die Transaktion, so werden die Interessen der Aktionäre durch den Entire Fairness Test geschützt.

3. Intermediate Standards of Scrutiny

Entscheidungen der Direktoren, die möglicherweise von deren Wunsch beeinflusst wurden, ihre Position zu erhalten oder auszubauen („Entrenchment Motive"), werden an den Intermediate Standards of Review gemessen.[64] Diese Standards of Review unterwerfen die Entscheidung einer Eingangsuntersuchung, bevor den Direktoren die Business Judgment Rule zugutekommt. Die beiden in diesem Zusammenhang wichtigsten und immer wieder gerichtlich angegriffenen Entscheidungen sind die Entscheidung zur Ergreifung von Maßnahmen zur Abwehr feindlicher Übernahmen und die Entscheidung zu einer Transaktion mit Wechsel der Kontrolle an der Gesellschaft. Die erste Entscheidung muss den Unocal-Test[65] bestehen, die zweite muss unter Beachtung der Revlon-Pflichten[66] getroffen worden sein.

---

court must consider the process itself that the board followed, the quality of the result achieved and the quality of the disclosure made to the shareholders to allow them to exercise such choice as the circumstances could provide.").

62 Weinberger, 457 A.2d 701, 711 (Del. 1983).

63 Weinberger, 457 A.2d 701, 711 (Del. 1983).

64 *Allen/Jacobs/Strine*, 56 BUS. LAW. 1287, 1293 (2001).

65 Der Unocol-Test ist nach der Entscheidung des Delaware Supreme Court im Fall Unocal Corp. v. Mesa Petroleum Co. benannt. Siehe Unocal Corp. v. Mesa Petroleum Co., 493, A.2d 946 (Del 1985).

66 Der Begriff Revlon-Pflichten stammt aus der Entscheidung des Delaware Supreme Court im Fall Revlon, Inc. v. MacAndrews & Forbes Holding, Inc. Siehe Revlon, Inc. v. MacAndrews & Forbes Holding, Inc. (Revlon), 506 A.2d 173 (Del. 1986).

a) Der Unocal-Test

Unabhängig davon, ob die Direktoren sich bereits dem konkreten Versuch einer feindlichen Übernahme gegenübergestellt sehen oder ob sie einer solchen von vornherein vorbeugen wollen, sind Abwehrmaßnahmen bei Direktoren beliebt.[67] Da feindliche Übernahmen fast unweigerlich die Entlassung der amtierenden Direktoren der Zielgesellschaft nach sich ziehen,[68] haben diese ein großes Eigeninteresse daran, bereits in Erscheinung getretene feindliche Bieter auszuschalten und mögliche zukünftige feindliche Bieter von vornherein zu entmutigen. Der zweistufige Unocal-Test bürdet den Direktoren deshalb die Beweislast dafür auf, dass die Direktoren „reasonable grounds for believing that a danger to the corporate policy or effectivness existed" hatten („Reasonableness Test") und dass die Ergreifung der Abwehrmaßnahmen „reasonable in relation to the threat posed" waren („Proportionality test"), bevor sie in den Genuss des Haftungsprivilegs der Business Judgment Rule kommen.[69] Bei der Beurteilung einer Entscheidung der Direktoren nach dem Unocal-Test berücksichtigen die Gerichte Faktoren wie etwa den angebotenen Preis für die Gesellschaft, die Durchführbarkeit der Transaktion, die Finanzierung des Angebots und den Nachweis der Direktoren, gutgläubig und auf der Basis angemessener Informationen gehandelt zu haben.[70] Seit Unitrin, Inc. v. American General Corp.[71] gelten allerdings nur noch solche Abwehrmaßnahmen als unverhältnismäßig, welche die Aktionäre zu einer bestimmten Entscheidung zwingen oder welche die Abstimmung der Aktionäre gänzlich vereiteln.[72] Damit hat Unitrin die in Unocal begründete umfassendere Prüfung von Abwehrmaßnahmen erheblich abgeschwächt.[73]

---

67 Die geläufigste und beliebteste Abwehrmaßnahme in den U.S.A. sind Shareholder Rights Plans, die auch als Poison Pills bezeichnet werden. Sie berechtigen die Aktionäre der Zielgesellschaft zum Erwerb weiterer Aktien unter Wert, sobald ein feindlicher Bieter einen bestimmten Prozentsatz des Grundkapitals erworben hat.

68 *Bainbridge*, 75 MINN. L. REV. 239, 272 f. (1990).

69 Unitrin, Inc. v. American Gen. Corp., 651 A.2d 1361, 1377 (Del. 1995); Unocal 493 A.2d 946, 955 (Del. 1985).

70 Siehe Unitrin, Inc. v. American Gen. Corp., 651 A.2d 1361, 1377 (Del. 1995); Unocal 493 A.2d 946, 955 (Del. 1985).

71 Unitrin, Inc. v. American Gen. Corp., 651 A.2d 1361 (Del. 1995).

72 Unitrin, Inc. v. American Gen. Corp., 651 A.2d 1361, 1387 f. (Del. 1995) („If a defensive measure is not draconian, however, because it is not either coercive or preclusive, the Unocal proportionality test requires the focus of enhanced judicial scrutiny to shift to the ‚range of reasonableness'".) Siehe auch *Lipton/Steinberger*, Takeovers & Freezeouts, § 5A.01[2][b].

73 Vgl. Unitrin, 651 A.2d 1361, 1387 f. (Del. 1995).

Der Unocal-Test verfolgt zwei Ziele. Indem der gerichtlichen Überprüfung von Abwehrmaßnahmen vor der Anwendung der Business Judgment Rule zunächst der Unocal-Test vorgeschaltet wird, sollen zum einen die Aktionäre der Zielgesellschaft vor ihren eigenen Direktoren geschützt werden.[74] Zum anderen soll der Unocal-Test ein übernahmefreundliches Umfeld schaffen. Denn ein reger Übernahmemarkt und der ständige Druck, den ein lebhafter Übernahmemarkt auf Direktoren auswirkt, haben einen positiven Effekt auf die Unternehmensführung und führen zu einer effizienten Verteilung der Ressourcen.

b) Die Revlon-Pflichten

Die Revlon-Pflichten werden durch eine Transaktion hervorgerufen, die einen Wechsel der Kontrolle über die Gesellschaft („Change of Control") nach sich zieht. Sobald die Direktoren sich für eine Transaktion mit Kontrollwechsel („Sale of Control") entscheiden, verschiebt sich ihre Funktion „from defenders of the corporate bastion to auctioneers charged with getting the best price for the stockholders at a sale of the company."[75] Mit der Statuierung dieser Verhaltenspflicht der Direktoren in der Revlon-Entscheidung[76] kamen Fragen nach den Kriterien eines Kontrollwechsels und den konkreten Schritten auf, welche die Revlon-Pflichten den Direktoren in ihren Bemühungen „to maximize current share value"[77] abverlangen. Angesprochen und problematisiert wurden diese Fragen aber erst in den der Revlon-Entscheidung folgenden Urteilen.[78]

Erst einige Jahre nach Revlon warfen die Grundsatzentscheidungen Paramount Communications, Inc. v. Time, Inc.[79] und Paramount Communications, Inc. v. QVC Network, Inc.[80] Licht auf das Tatbestandsmerkmal „Change of Con-

74 Unocal, 493 A.2d 946, 954 (Del. 1985) („Because of the omnipresent spectre that a board may be acting primarily in its own interests, rather than those of the corporation and its shareholders, there is an enhanced duty which calls for judicial examination at the threshold before the protections of the business judgment rule may be conferred.")

75 Revlon, 506 A.2d 173, 182 (Del. 1986).

76 Revlon, 506 A.2d 173 (Del. 1986).

77 Equity-Linked Investors, L.P. v. Adams, 705 A.2d 1040, 1055 (Del. Ch. 1997).

78 Equity-Linked Investors, L.P. v. Adams, 705 A.2d 1040, 1054 (Del. Ch. 1997) („[T]his broad generalization masks more questions than it answers. In fact the meaning of Revlon – specifically, when its special duties were triggered, and what those duties specifically required – were questions that repeatedly troubled the bench and the bar in the turbulent wake of the Revlon decision.").

79 Paramount Communications, Inc. v. Time, Inc. (In re Time, Inc. S'holder Litig.), 571 A.2d 1140 (Del.1990) (Time).

80 Paramount Communications, Inc. v. QVC Network, Inc. (In re Paramount Communications, Inc. S'holder Litig.), 571 A.2d 34 (Del. 1994) (QVC).

trol". Hält man sich den Grund für die Revlon-Pflichten vor Augen – nämlich den Verlust der Möglichkeit, die Kontrolle an der Gesellschaft nur gegen eine Kontrollprämie zu verkaufen[81] –, so versteht man, dass eine Cash-Transaktion zwangsläufig zu einem Kontrollwechsel führt, während diese Schlussfolgerung für eine Stock-for-Stock-Transaktion nicht so selbstverständlich gezogen werden kann. Die meisten Stock-for-Stock-Transaktionen verschieben die Kontrolle an der Gesellschaft lediglich von einer Gruppe von Aktionären auf eine andere Gruppe von Aktionären.[82] Weder die Zielgesellschaft vor der Transaktion noch die entstehende Gesellschaft haben damit einen kontrollierenden Aktionär, der sein Aktienpaket verkaufen und dabei die Kontrollprämie für sich allein einheimsen könnte.[83] Die Transaktion wirkt sich auf die Kontrollverhältnisse nicht aus. Sowohl in Time als auch in QVC ist dies erkannt worden. In beiden Entscheidungen ist zu lesen, dass die typische Stock-for-Stock-Transaktion, die keinen Aktionär mit einem kontrollierenden Anteil an der entstehenden Gesellschaft hervorbringt, keinen Kontrollwechsel nach sich zieht.[84] Die gerichtliche Kontrolle solcher Transaktionen erstreckt sich deshalb nicht auf die Erfüllung der Revlon-Pflichten, sondern beschränkt sich auf die Überprüfung des Verhaltens der Direktoren nach der Business Judgment Rule.[85] Nur ausnahmsweise – nämlich

81 Siehe QVC, 571 A.2d 34, 43 (Del. 1994). Solange die Gesellschaft keinen kontrollierenden Aktionär hat, muss ein Bieter, der die Kontrolle an der Gesellschaft erwerben möchte, allen Aktionären das gleiche Angebot machen. Damit profitieren alle Aktionäre gleichmäßig von einer Kontrollprämie. Siehe *Klein/Coffee*, Business Organisation and Finance, S. 169. Hat die Gesellschaft aber einen kontrollierenden Aktionär, so ist es diesem nach amerikanischem Recht unbenommen, sein kontrollierendes Aktienpaket zu verkaufen und dabei die Kontrollprämie allein einzuheimsen. Auch besteht nach amerikanischem Recht keine dem deutschen Pflichtangebot (§§ 35 ff. WpÜG) entsprechende Verpflichtung des Erwerbers, den übrigen Aktionären ein Angebot zum Erwerb ihrer Aktien zum gleichen Preis zu unterbreiten.

82 *Lipton/Steinberger*, Takeovers & Freezeouts, § 5 A.01[2][a].

83 Vgl. *Griffith*, 71 (2002 – 2003) FORDHAM L.REV. 1899, 1911.

84 QVC, 571 A.2d 34, 43 (Del. 1994); Time, 571 A.2d 1140, 1151 (Del.1990); siehe auch *Griffith*, 71 (2002 – 2003) FORDHAM L. REV. 1899, 1910.

85 Entsprechend stellte das Gericht in Time fest, dass die Entscheidung des Time Board, eine freundliche und strategische Transaktion mit Warner Communications einzuleiten und zu verteidigen und dabei das feindliche höhere Angebot Paramounts abzulehnen, weil die „Time Culture" bewahrt werden sollte und weil der Zusammenschluss mit Warner auf längere Sicht als wertvoller erachtet wurde, nicht auf Erfüllung der Revlon-Pflichten hin, sondern nach der Business Judgment Rule zu kontrollieren sei. Time, 571 A.2d 1140, 1151, 1154 (Del.1990). Die Ergreifung von Abwehrmaßnahmen wurde konsequenterweise dem Unocal-Test unterzogen, den die Direktoren bestanden, weil sie nachweisen konnten gutgläubig und auf der Grundlage angemessener Informationen gehandelt zu haben. Time, 571 A.2d 1140, 1154 f. (Del.1990).

wenn die entstehende Gesellschaft doch einen kontrollierenden Aktionär haben wird – ruft eine Stock-for-Stock-Transaktion die Revlon-Pflichten hervor.[86]

Die in Time und QVC herausgearbeiteten Kriterien eines Kontrollwechsels verdeutlichen, dass die Diskussion um die Merkmale eines Kontrollwechsels noch nicht abgeschlossen ist und dass noch einige Fragen offen sind. Wann liegt zum Beispiel ein Kontrollwechsel vor, wenn die Aktionäre der Zielgesellschaft ihre Aktien gegen eine aus Cash und Aktien gemischte Gegenleistung eintauschen?[87] Oder nach welchem Standard of Review sind Transaktionen zu beurteilen, die faktisch, aber nicht mathematisch einen Kontrollwechsel zur Folge haben?[88]

Hinsichtlich der besonderen Verhaltenspflichten der Direktoren im Falle einer Transaktion mit Kontrollwechsel wies die Revlon-Entscheidung die Direktoren lediglich an, „the highest price for the stockholders" zu erzielen.[89] Die konkrete

---

86 Ein Beispiel für eine solche Stock-for-Stock-Transaktion ist der QVC-Fall, in dem die entstehende Gesellschaft einen Aktionär mit ungefähr 70% der Stimmrechte gehabt hätte. *Lipton/Steinberger*, Takeovers & Freezeouts, § 5 A.01[2][a], 5A-13; *Griffith*, 71 (2002-2003) FORDHAM L. REV. 1899, 1911.

87 *Lipton/Steinberger* haben herausgefunden, dass „[t]he Delaware Chancery Court has declined to apply the Revlon obligations in the context of a cash tender offer for 33% of the shares of Santa Fe Pacific to be followed by a stock-for-stock merger with Burlington Northern. However, the Delaware Chancery Court indicated in dicta that Revlon duties may apply in the context of a merger in which over 30% of the consideration was the acquirer's stock and the remainder was cash". *Lipton/Steinberger*, Takeovers & Freezeouts, § 5A.01[2][a], 5A.16, die sich auf In re Santa Fe Pacific Corporation, No. 13,587, 1995 Del. Ch. LEXIS 70 (Del. Ch. May 31, 1995) und In re Lukens S'holder Litig., 757 A.2d 720, 732 n. 25 (Del. Ch. 1999), aff'd sub nom. Walker v. Lukens, Inc., 757 A.2d 1278 (Del. 2000) beziehen. Siehe auch Equity-Linked Investors, 705 A.2d 1040, 1055 (Del. Ch. 1997) („How this ‚change of control' trigger works in instances of mixed cash and stock and other paper, awaits future cases.").

88 Von der Einfachheit der Abgrenzung abgesehen, lassen sich kaum gute Argumente dafür anführen, eine Transaktion, die ökonomisch einer Transaktion mit Kontrollwechsel entspricht, nur deshalb nach der großzügigeren Business Judgment Rule zu beurteilen, weil mathematisch kein Aktionär die Gesellschaft kontrolliert. Die Anerkennung eines faktischen Kontrollwechsels würde aber natürlich die Frage aufwerfen, wo die Grenze zu ziehen ist. Der deutsche Gesetzgeber hat die Kontrolle an einer Gesellschaft mit der Ausübung von 30% der Stimmrechte definiert (§ 29 Abs. 2 WpÜG). Diese Definition der Kontrolle mag durch Erfahrungswerte gestützt werden. Letztlich ist aber auch die Definition des deutschen Gesetzgebers willkürlich. Im Grunde müssten die Gerichte die Frage einer Kontrolle in jedem einzelnen Fall mühsam von neuem untersuchen. Aus Gründen der Praktikabilität und der Rechtssicherheit mag es deshalb empfehlenswert sein, an einem starren Prozentsatz wie etwa dem des § 29 Abs. 2 WpÜG festzuhalten. Zum Ganzen grundsätzlich *Strine*, BUS. LAW. 919, 928 f. (2001).

89 Revlon, 506 A.2d 173, 182 (Del. 1986).

Ausgestaltung dieser Verhaltensmaxime überließ die Revlon-Entscheidung nachfolgenden Urteilen.

QVC bestätigte und schrieb unmissverständlich fest, was in Revlon bereits angedeutet worden war. „When assessing the value of non-cash consideration", darf sich ein Board of Directors nicht von langfristigen, strategischen Zielen leiten lassen, sondern muss es „focus on it's [the consideration's] value as of the date it will be received by the stockholders".[90] Hier liegt der wesentliche Unterschied zwischen einer Transaktion mit Kontrollwechsel und einer ohne Kontrollwechsel. Während die Business Judgment Rule bei Transaktionen ohne Kontrollwechsel Raum für die Einbeziehung langfristiger, strategischer Überlegungen lässt,[91] sind solche Überlegungen bei Transaktionen mit Kontrollwechsel, „where the future strategy and synergies essentially will be out of the seller's stockholders' control and will reside principally in one individual or affiliated stockholder group", „irrelevant".[92]

Hinsichtlich der „methods by which a board can fulfill its obligation to seek the best value reasonably available to the stockholders"[93] haben die Gerichte Delawares die Durchführung einer Auktion oder ein aktives Absuchen des Marktes nach weiteren Bietern vorgeschlagen.[94] Zugleich haben die Gerichte aber stets betont, dass „there is no single blueprint that a board must follow to fulfil its duties".[95] Es besteht deshalb keine Pflicht der Direktoren, die Gesellschaft zu versteigern oder anderweitig öffentlich anzubieten,[96] wenngleich dies in der Regel angemessen und ratsam ist. Hinsichtlich der Wahl einer Strategie zur Erzielung

---

90 QVC, 571 A.2d 34, 44 n. 14 (Del. 1994); siehe auch Equity-Linked Investors, 705 A.2d 1040, 1055 (Del. Ch. 1997) („[T]he gist of the Revlon state ... [is] to act reasonably to maximize current, not some future, value.").

91 Transaktionen ohne Kontrollwechsel werden deshalb auch strategische Transaktionen genannt.

92 *Lipton/Steinberger*, Takeovers & Freezeouts, § 5A.01[2][a], 5A-14. Siehe auch Equity-Linked Investors, 705 A.2d 1040, 1055 (Del. Ch. 1997) (wo es heißt, dass, wenn die Zukunft der Aktionäre unsicher ist, die Direktoren auf der Grundlage angemessener Informationen und gutgläubig eine Entscheidung zur Maximierung des Vermögens der Aktionäre treffen müssen).

93 QVC, 571 A.2d 34, 44 (Del. 1994).

94 Siehe zum Beispiel Barkan v. Amsted Indus., Inc., 567 A.2d 1279, 1286 f. (Del. 1989).

95 Barkan v. Amsted Indus., Inc., 567 A.2d 1279, 1286 f. (Del. 1989); siehe auch QVC, 571 A.2d 34, 44 (Del. 1994) (wo aus Barkan zitiert wird).

96 Siehe Barkan v. Amsted Indus., Inc., 567 A.2d 1279, 1287 (Del. 1989) („When, however, the directors possess a body of reliable evidence with which to evaluate ... a transaction, they may approve that transaction without conducting an active survey of the market. As the Chancellor recognized, the circumstances in which this passive approach is acceptable are limited.")

des höchsten Kaufpreises für die Gesellschaft steht den Direktoren vielmehr ein Ermessenspielraum zu, der nur nach den Grundsätzen der Business Judgment Rule gerichtlich überprüfbar ist.[97] Die Direktoren haben deshalb einen beträchtlichen Spielraum hinsichtlich der konkreten Art und Weise des Verkaufs der Gesellschaft. Um in den Genuss der Business Judgment Rule zu gelangen, müssen sie aber stets darauf bedacht sein, ihre Entscheidungen auf der Grundlage angemessener Informationen zu treffen.[98] Direktoren, welche die Kontrolle an einer Gesellschaft verkaufen, müssen sich deshalb immer aller möglichen Verkaufsmethoden mitsamt ihren jeweiligen Vor- und Nachteilen bewusst sein.

B. Der richtige Standard of Review für No-Shop-Vereinbarungen

Nachdem die verschiedenen Standards of Review des amerikanischen Gesellschaftsrechts vorgestellt worden sind, erhebt sich die Frage, welcher für No-Shop-Vereinbarungen der richtige ist.

1. Der Unocal/Unitrin Standard

Es wird vertreten, dass alle Deal Protection Devices und damit auch No-Shop-Vereinbarungen am Unocal/Unitrin Standard zu messen seien.[99]

a) Ausgangs- und Kernpunkt dieser These ist, dass Deal Protection Devices ihrer Natur nach abwehrender Art sind und deshalb wie Abwehrmaßnahmen zu behandeln seien.[100]

---

97 QVC, 571 A.2d 34, 45 (Del. 1994) (wo *Chief Justice Veasey* ausführte:
Although an enhanced scrutiny test involves a review of the reasonableness of the substantive merits of a board's actions, a court should not ignore the complexity of the directors' task in a sale of control. There are many business and financial considerations implicated in investigating and selecting the best value reasonable available. The board of directors is the corporate decision-making body best equipped to make these judgments. Accordingly, a court applying enhanced judicial scrutiny should be deciding whether the directors made a *reasonable* decision, not a *perfect* decision. If a board selected one of several *reasonable* alternatives, a court should not second-guess that choice even though it might have decided otherwise or subsequent events may have cast doubt on the board's determination. Thus, courts will not substitute their business judgment for that of the directors, but will determine if the directors' decision was, on balance, within a range of reasonableness.).

98 Barkan v. Amsted Indus., Inc., 567 A.2d 1279, 1287 (Del. 1989); *Lipton/Steinberger*, Takeovers & Freezeouts, § 5 A.02 [1][c], 5A-32.

99 So etwa *Lebovitch/Morrison*, 2001 COL. BUS. L. REV. 1, 15.

Die Qualifizierung von Deal Protection Devices als Abwehrmaßnahmen findet Unterstützung in der Rechtsprechung der Gerichte Delawares.[101] Schon in der Time-Entscheidung wurde die abwehrende Komponente von Deal Protection Devices erkannt und wurden diese dementsprechend nach dem Unocal/Unitrin Standard beurteilt.[102] In jüngerer Zeit ist diese Rechtsprechung wiederholt für richtig befunden und bestätigt worden. In ACE Ltd. v. Capital Re Corp.[103] beispielsweise setzte sich *Vice Chancellor Strine* mit einer No-Talk-Vereinbarung auseinander und schrieb: „When corporate boards assent to provisions in merger agreements that have the primary purpose of acting as a defensive barrier to other transactions not sought out by the board, some of the policy concerns that animate the Unocal Standard of review might be implicated.“[104] In McMillan v. Intercargo Corp. bestätigte der Vice Chancellor seine bereits in ACE Ltd. – wenn auch noch vorsichtiger – geäußerte Ansicht und versah sie mit einer dogmatischen Erklärung:

> „The word „protect“ bears a close relationship to the word „from“. Provisions of this obviously defensive nature (e.g., no-shops, no-talks, termination fees, triggered by the consummation of an alternative transaction, and stock options with the primary purpose of destroying pooling treatment for other bidders) primarily „protect“ the deal and the parties thereto *from* the possibility that a rival transaction will displace the deal.“[105]

In Omnicare v. NCS Healthcare[106] hat der Delaware Supreme Court schließlich den abwehrenden Charakter von Deal-Protection-Maßnahmen bestätigt und den Streit um den richtigen Beurteilungsstandard für sie zumindest vorläufig entschieden. In der Omnicare-Entscheidung führt der Delaware Supreme Court aus, dass „[a] board's decision to protect its decision to enter into a merger agreement with defensive devices against uninvited competing transactions that may emerge is analogous to a board's decision to protect against dangers to corporate policy and effectivness when it adopts defensive measures in a hostile takeover context.“[107] Dementsprechend entschied der Deleware Supreme Court mit drei zu

---

100 Vgl. *Lebovitch/Morrison*, 2001 COL. BUS. L. REV. 1, 10 f.; *Varallo/Raju*, 55 BUS. LAW. 1609, 1630 (2000).

101 Vgl. *Lebovitch/Morrison*, 2001 COL. BUS. L. REV. 1, 10 f.; *Varallo/Raju*, 55 BUS. LAW. 1609, 1630 (2000).

102 Time, 571 A.2d 1140, 1151 (Del.1990) („[A]s the Chancellor stated, such devices are properly subject to a Unocal analysis.“)

103 ACE Ltd. v. Capital Re Corp., 747 A.2d 95, 114 (Del. Ch. 1999).

104 ACE Ltd. v. Capital Re Corp., 747 A.2d 95, 108 (Del. Ch. 1999).

105 McMillan v. Intercargo Corp., 768 A.2d 492, 506 n. 62 (Del. Ch. 2000).

106 Omnicare Inc. v. NCS Healthcare, Inc., 818 A.2d 914 (Del. 2003).

107 Omnicare Inc. v. NCS Healthcare, Inc., 818 A.2d 914, 932 (Del. 2003).

zwei Stimmen, dass Deal-Protection-Maßnahmen am Unocal/Unitrin Standard zu messen seien.[108]

Der Vollständigkeit halber sei erwähnt, dass der abwehrende Charakter von Deal Protection Devices nicht davon abhängt, ob nach ihrer Ergreifung tatsächlich ein weiterer Bieter auftaucht. Selbst ohne eine konkrete Gefahr für den geschützten Deal sind Deal Protection Devices notwendigerweise abwehrender Natur.[109] Vollkommen richtig ist die von *Lebevotich* und *Morrison* in diesem Zusammenhang gemachte Feststellung:

---

108 Omnicare Inc. v. NCS Healthcare, Inc., 818 A.2d 914, 932, 934 (Del. 2003). Bemerkenswert ist aber, dass sowohl *Chief Justice Veasey* als auch *Justice Steel* sich in ihren Dissenting Opinions deutlich gegen die Anwendung des Unocal/Unitrin Standards und für eine Anwendung der Business Judgment Rule aussprechen. Siehe Omnicare Inc. v. NCS Healthcare, Inc., 818 A.2d 914, 943, 947 (Del. 2003).

109 Anders nur *Hanewicz* in 28 J. CORP. J. 205, 214, 231 f., 257 (2003), der No-Shop-Vereinbarungen ihren abwehrenden Charakter abspricht. *Hanewicz* ist der Ansicht, dass „No-Shops functionally different from defensive measures" seien, weil sie in erster Linie den Käufer schützten. Im Gegensatz zu eigentlichen Abwehrmaßnahmen verhindere eine No-Shop-Verabredung gerade nicht die Übernahme der Zielgesellschaft, sondern stelle sie einen notwendigen Anreiz für den Käufer dar und sei damit ein notwendiger Bestandteil der Übernahme. Dass diese Argumentation zu kurz gegriffen ist, wird schon an der von *Hanewicz* aufgestellten Ausnahme von der übernahmefreundlichen Natur von No-Shop-Vereinbarungen deutlich. Nach Hanewicz sollen die grundsätzlich übernahmefreundlichen No-Shop-Vereinbarungen nämlich dann abwehrender Natur sein und damit dem Unocal Standard unterfallen, wenn sie Bestandteil eines „merger that itself is a defensive measure" sind (*Hanewicz*, 28 J. CORP. J. 205, 214, 233 (2003)). Gemeint sind damit Transaktionen mit einem White Knight, welche die Zielgesellschaft eingeht, um einer feindlichen Übernahme zu entrinnen (*Hanewicz*, 28 J. CORP. J, 205, 233 (2003)). Es kann indessen keinen Unterschied machen, ob die Direktoren der Zielgesellschaft einer feindlichen Übernahme entgehen, indem sie einen White Knight suchen, oder ob sie einer feindlichen Übernahme entgehen, indem sie eine ihnen genehme Transaktion auswählen und diese dann mittels Deal Protection Devices so hieb- und dingfest machen, dass andere feindliche Angebote von vornherein vereitelt werden. Auch letztere Maßnahmen sind abwehrender Natur. Besonders deutlich wird dies am Beispiel einer Break-Up Fee, deren wahres Ziel es doch meist ist, potentielle weitere Bieter und Käufer durch die Belastung mit der Fee abzuschrecken. Denn natürlich wird sich keine Zielgesellschaft von einem Deal lossagen, solange nicht gewährleistet ist, dass der Konkurrenzbieter zumindest für die Break-Up Fee aufkommt. Vgl. *Brantley*, 81 TEX. L. REV. 345, 347 (2002 – 2003). Ähnlich verhält es sich hinsichtlich einer No-Shop-Vereinbarung. Auch diese soll den geschützten Deal vor anderen Bietern und Angeboten schützen. Der Umstand, dass die Zielgesellschaft trotz entgangener Konkurrenzangebote übernommen wird, ist dabei für deren Aktionäre wenig tröstlich. Allein deshalb sollten Deal Protection Devices nicht als übernahmefreundlich – oder zumindest nicht als nicht abwehrend – eingeordnet werden.

„[W]hy would two companies agree to Deal Protections at all if they did not believe that the merger needed to be protected from future threats? The very existence of Deal Protection in merger agreements where a third-party hostile bidder has yet to come forward proves the defensive nature of these devices.“[110]

b) Aus der Feststellung, dass Deal Protection Devices Abwehrmaßnahmen sind, ergibt sich die logische Konsequenz, dass Deal Protection Devices am Unocal/Unitrin Standard gemessen werden müssen.[111] Deal Protection Devices müssen demnach eine verhältnismäßige Reaktion auf eine Gefahr für die Gesellschaft darstellen. Es lohnt sich, die Anwendung des Unocal/Unitrin Standard of Review auf Deal Protection Devices und insbesondere No-Shop-Vereinbarungen genauer zu untersuchen.

Die Anwendung des Unocal/Unitrin Standard auf Break-Up Fees, Lock-Ups und Stock Options ist nicht schwieriger als dessen Anwendung auf klassische Abwehrmaßnahmen wie beispielsweise einen Poison Pill Plan. Eine Break-Up Fee zum Beispiel muss verhältnismäßig zur Gefahr für die Gesellschaft sein. Ihre zulässige Höhe hängt damit von den Umständen des Einzellfalles ab. Unitrin zufolge werden die Gerichte Delawares eine Break-Up Fee nicht beanstanden, solange diese nicht „drakonisch“ ist, d.h. die Aktionäre nicht zu einem bestimmten Abstimmungsverhalten zwingt und die Abstimmung der Aktionäre nicht gänzlich vereitelt.[112] Ob dies der Fall ist, entscheiden letztlich die Gerichte.[113]

Was No-Shop-Vereinbarungen betrifft, so funktioniert der Unocal-Test für sich genommen genauso. Die Vereinbarung muss das Verhältnismäßigkeitskriterium – den Proportionality Test – erfüllen. Ihre Zulässigkeit variiert deshalb mit den Umständen des Einzelfalles, insbesondere mit der Größe der tatsächlichen oder vernünftigerweise angenommenen Gefahr für die Gesellschaft und der Insensität der Abwehr. Weniger einschneidende No-Shop-Vereinbarungen haben grundsätzlich eine größere Chance, als verhältnismäßig eingestuft zu werden und damit den Unocal-Test zu bestehen, als No-Shop-Vereinbarungen, welche die

---

110 *Lebovitch/Morrison*, 2001 COL. BUS. L. REV. 1, 28 f.

111 Siehe Omnicare Inc. v. NCS Healthcare, Inc., 818 A.2d 914, 932 (Del. 2003); McMillan v. Intercargo Corp., 768 A.2d 492, 506 n. 62 (Del. Ch. 2000); ACE Ltd. v. Capital Re Corp., 747 A.2d 95, 108 (Del.Ch. 1999) (noch etwas vorsichtig: „the Unocal Standard of review might be implicated“); Time, 571 A.2d 1140, 1151 (Del.1990). Anders aber *Brantley*, 81 (2002 – 2003) TEX. L. REV., 345, 349, der Deal Protection Devices grundsätzlich trotz ihres abwehrenden Charakters der Business Judgment Rule unterwerfen will.

112 Siehe oben unter II.A.3.a; Unitrin, Inc. v. American Gen. Corp., 651 A.2d 1361, 1387 f. (Del. 1995).

113 Siehe oben unter I.B.1. Als Faustregel lässt sich merken, dass die Gerichte Delawares Break-Up Fees bis zu einer Höhe von drei bis vier Prozent des Transaktionsvolumens in der Regel nicht beanstanden.

Möglichkeiten des Board of Directors, auf eine veränderte Situation zu reagieren, erheblich einschränken. Wollte man unter den verschiedenen Varianten von No-Shop-Vereinbarungen eine Rangfolge nach ihrer Zulässigkeit nach dem Unocal-Test aufstellen, so würden No-Shop-Vereinbarungen mit Fiduciary-Out-Klausel den ersten Platz belegen. Sie wären bereits bei einer leichten vorstellbaren Gefahr für die Gesellschaft zulässig. Auf Platz zwei kämen einfache No-Shop-Vereinbarungen,[114] die eine mittelschwere Gefahr voraussetzen würden. Das Schlusslicht würden No-Talk-Vereinbarungen bilden, die nur zur Abwehr einer erheblichen Gefahr für die Gesellschaft vereinbart werden dürften.

Sobald allerdings der Proportionality Test in der besonderen Ausgestaltung der Unitrin-Entscheidung in die Überlegungen einfließt, kommt die Achillessehne des Vorschlags, No-Shop-Vereinbarungen nach dem Unocal/Unitrin Standard zu beurteilen, zum Vorschein und wird die Unbrauchbarkeit dieses Vorschlags deutlich. Denn laut Unitrin sind Abwehrmaßnahmen nur dann unverhältnismäßig, wenn sie drakonisch wirken, d.h. sie die Aktionäre zu einem bestimmten Abstimmungsverhalten zwingen oder die Abstimmung der Aktionäre gänzlich vereiteln.[115] No-Shop-Vereinbarungen jeglicher Art entfalten diese Wirkung nie.[116] No-Shop-Vereinbarungen beschneiden die Direktoren der Zielgesellschaft in ihren Möglichkeiten, aktiv weitere Angebote einzuholen oder über konkurrierende Angebote zu verhandeln. Die Entscheidungsfreiheit der Aktionäre beeinträchtigen sie aber nicht. Weder sind sie geeignet, die Entscheidung der Aktionäre zu beeinflussen, noch vermögen sie die Abstimmung gänzlich zu vereiteln. Den Aktionären bleibt es unbenommen, das Angebot anzunehmen oder es abzulehnen.[117] Unitrins Verhältnismäßigkeitsdefinition zufolge wären No-Shop- und No-Talk-

---

114 Es sei angemerkt, dass einfache No-Shop-Vereinbarungen kaum abwehrend wirken. Insbesondere wenn das Angebot öffentlich gemacht wurde, wird eine einfache No-Shop-Vereinbarung nicht in der Lage sein, ein feindliches Angebot zu verhindern.

115 Siehe oben unter II.A.3.a; Unitrin, Inc. v. American Gen. Corp., 651 A.2d 1361, 1387 f. (Del. 1995).

116 Siehe oben unter I.D.

117 *Griffith* geht so weit, Deal Protection Devices grundsätzlich eine Zwangswirkung abzusprechen (*Griffith*, 71 (2002 – 2003) FORDHAM L. REV. 1899, 1913, 1922, 1925). Die Aktionäre der Zielgesellschaft könnten die zur Abstimmung vorgelegte Transaktion immer ablehnen. Laut *Griffith* ist der Unocal/Unitrin Standard deshalb für die Beurteilung von Deal Protection Devices grundätzlich ungeeignet. Wenngleich *Griffith* die Schwäche des Unocal/Unitrin Standards hinsichtlich einiger Deal Protection Devices erkannt hat, ist seine Aussage doch zu pauschal. Eine Break-Up Fee in Höhe von beipielsweise 10% des Transaktionsvolumes würde auf die Aktionäre der Zielgesellschaft einen erheblichen Druck ausüben. Vgl. zum Stand der Diskussion mit weiteren Nachweisen *Brantley*, 81 (2002 – 2003) TEX. L. REV. 345, 348 f. Deal Protection Devices wie Break-Up Fees werden vom Unocal/Unitrin Standard deshalb sachgerecht erfasst.

Vereinbarungen deshalb immer zulässig. Dieses Ergebnis ist aber weder mit dem Case Law des Staates Delaware zur Zulässigkeit von No-Shop-Vereinbarungen vereinbar,[118] noch ist es von den Befürwortern der Anwendung des Unocal/Unitrin Standards auf Deal Protection Devices beabsichtigt.

Die Befürworter des Unocal/Unitrin Standard und andere Autoren, die diesen Ansatz gedanklich durchspielen, stimmen insoweit überein, als sie die Unzulänglichkeit einer Anwendung des Unocal/Unitrin Standard auf No-Shop-Vereinbarungen anerkennen, die unter allen Umständen zur Zulässigkeit selbst der einschneidensten No-Shop-Vereinbarung führt. Um zu verhindern, dass die Unocal/ Unitrin Kriterien dieses falsche Ergebnis hervorbringen, drehen und wenden die Befürworter des Unocal/Unitrin Standard dessen Kriterien solange, bis sie das gewünschte Ergebnis herbeiführen. Dies erreichen die Befürworter des Unocal/Unitrin Standard, indem sie No-Shop-Vereinbarungen, die sie für unzulässig erklären möchten, die Wirkung zuschreiben, eine Abstimmung der Aktionäre über ein Angebot zu vereiteln.[119] *Lebovitch* und *Morrison* behaupten, dass

---

118 In einer Vielzahl von Entscheidungen haben die Gerichte Delawares No-Shop-Vereinbarungen für unwirksam erklärt oder doch zumindest ihre Skepsis hinsichtlich ihrer Zulässigkeit und Wirksamkeit geäußert. Siehe zum Beispiel QVC, 571 A.2d 34, 51 (Del. 1994) (wo es heißt, dass „[t]he no-shop provision could not validly define or limit the fiduciary duties of the ... directors"); ACE Ltd. v. Capital Re Corp., 747 A.2d 95, 114 (Del.Ch. 1999) (wo steht, dass „the Delaware law ... has given primacy to the interests of stockholders ... without improper compulsion from executory contracts entered into by boards"); Phelps Dodge Corp. v. Cyprus Amex Minerals Co., No. 17,389, 1999 Del. Ch. LEXIS 202, 83 (Del. Ch. Sept. 27, 1999) („No-Talk provisions ... are troubling ... because they prevent a board from meeting its duty [of care] to make an informed judgment ..."). Außerdem untersuchen und diskutieren die Gerichte Delawares wiederkehrend wie selbstverständlich die Zulässigkeit von No-Shop-Vereinbarung, was vergebliche Liebesmühe wäre, wenn No-Shop-Vereinbarungen immer und grundsätzlich zulässig wären.

119 Siehe ACE Ltd. v. Capital Re Corp., 747 A.2d 95, 108 (Del.Ch. 1999). *Vice Chancellor Strine* äußerte dort, dass, falls eine No-Shop-Vereinbarung
„is read as precluding board consideration of alternative offers – no matter how much more favorable – in this non change of control context, the Capital Re board's approval of the Merger Agreement is as formidable a barrier to another offer as a non-redeemable poison pill. Absent an escape clause, the Merger Agreement guarantees the success of the merger vote and precludes any other alternative, no much how much more lucrative to the Capital Re shareholders and no matter whether the Capital Re board itself prefers the other alternative. As a practical matter, it might therefore be possible to construct a *plausible* argument that a no-escape merger agreement that locks up the necessary votes constitutes an unreasonable preclusive and coercive defensive obstacle within the meaning of Unocal."
Siehe auch *Lebovitch/Morrison*, 2001 COL. BUS. L. REV. 1, 45; *Varallo/Raju*, 55 BUS. LAW. 1609, 1633 (2000) („A perfect example of such a ‚draconian' deal pro-

„a preclusive Deal Protection may tend to prevent stockholders from considering a particular transaction. For example, when a board adopts a no-talk provision, it prevents itself from communicating with other potential bidders for the company. In doing so, the board makes it less likely that alternative bidders will come forward, thereby reducing the possibility that the stockholders will have alternative deals on which to vote. Depending upon the facts of the case, that Deal Protection may be stuck as overly preclusive".[120]

Die Befürworter der Anwendung des Unocal/Unitrin Standards beweisen zwar ein gutes Gespür für unsachgemäße und unvertretbare Ergebnisse. Ihre Einordnung von No-Shop-Vereinbarungen als „preclusive" im Sinne des Unocal/Unitrin Standards beruht aber auf einem falschen Verständnis der Unitrin-Entscheidung. Ein Deal Protection Device ist nicht schon deshalb „preclusive", weil es die Wahrscheinlichkeit weiterer Angebote verringert, über welche die Aktionäre sonst abstimmen könnten.[121] Unitrins „preclusion"-Kriterium bezieht sich vielmehr auf das Recht und die Möglichkeit der Aktionäre der Zielgesellschaft, einen gesicherten Deal abzulehnen und stattdessen ein feindliches Angebot anzunehmen.[122] Das Kriterium der „preclusion" bezieht sich aber nicht auf irgendwelche weiteren möglichen Angebote, deren Abgabe durch die Deal Protection schon im Keim erstickt werden könnte. Einer so weiten Auslegung des „preclusion"-Kriteriums würde nicht nur die Unitrin-Entscheidung, sondern würden auch weitere etablierte Grundsätze des Gesellschaftsrechts des Staates Delaware entgegenstehen.

In der Unitrin-Entscheidung erklärte der Delaware Court of Chancery einen Aktienrückkauf, der den Anteil des Unitrin Board of Directors am Grundkapital von 23% auf 28% erhöhte, für eine ausschließende („preclusive") und damit unzulässige Reaktion auf einen feindliches Angebot, weil er einem Proxy Contest von vornherein jegliche Aussicht auf Erfolg nehme. Dieser Entscheidung lag die Überlegung zugrunde, dass ein Board of Directors, das 28% der Stimmrechte ausübt, die Gesellschaft faktisch kontrolliert. Der Aktienrückkauf stelle damit eine unüberwindliche Hürde für jeden feindlichen Bieter dar und beraube die übrigen Aktionäre der Zielgesellschaft ihres Eigentumsrechts, über das Schicksal und die Zukunft der Gesellschaft entscheiden zu können. Der Tatbestand der Unitrin-Entscheidung und die ihr zugrundeliegenden Überlegungen sind aber nicht ver-

---

tection measure is a no-talk provision with no fiduciary out. Such a provision would likely be found to be preclusive under *Unocal/Unitrin.*").

120 *Lebovitch/Morrison*, 2001 COL. BUS. L. REV. 1, 45.

121 *Lebovitch/Morrison*, 2001 COL. BUS. L. REV. 1, 45.

122 Siehe Omnicare Inc. v. NCS Healthcare, Inc., 818 A.2d 914, 935 (Del. 2003) („A response is ‚preclusive' if it deprives stockholders of the right to receive all tender offers or preclude a bidder from seeking control by fundamentally restricting proxy contests or otherwise.").

gleichbar mit der präklusiven Wirkung, die fälschlicher Weise No-Shop-Vereinbarungen zugeschrieben wird. No-Shop-Vereinbarungen stellen weder eine unüberwindliche Hürde für ein feindliches Angebot dar noch beschneiden sie die Eigentumsrechte der Aktionäre. Über die Zukunft der Gesellschaft entscheiden vielmehr nach wie vor der No-Shop-Vereinbarung die Aktionäre der Zielgesellschaft. No-Shop-Vereinbarungen beeinträchtigen die Aktionäre weder in ihrem Recht, über den gesicherten Deal zu entscheiden, noch hindern No-Shop-Vereinbarungen die Aktionäre daran, ein anderweitiges Angebot eines feindlichen Bieters anzunehmen. No-Shop-Vereinbarung sind deshalb nicht „preclusive“ im Sinne von Unitrin. Interessanterweise räumen selbst die Befürworter des Unocal/Unitrin Standards ein, dass eine „broad definition of preclusive and coercive makes the *Unocal* analysis look much like it did prior ... to *Unitrin.*“[123] Damit gestehen die Befürworter des Unocal/Unitrin Standards aber ein, dass sie die in der Unitrin-Entscheidung aufgestellte Regel ignorieren oder jedenfalls unzulässig modifizieren. Für eine derartige Abkehr von der Unitrin-Entscheidung und eine Rückkehr zum schlichten Unocal-Test, so erstrebenswert sie sein mag, wären aber die Gerichte zuständig, die indessen bislang an Unitrin festhalten.[124]

Hinzukommt, dass sich die vorgeschlagene weite Auslegung des „preclusion“-Kriteriums nicht mit anderen Grundsätzen des geltenden Gesellschaftsrechts Delawares vereinbaren lässt. Wenn man die geringere Wahrscheinlichkeit, dass die Aktionäre der Zielgesellschaft weitere Angebote zur Abstimmung vorgelegt bekommen, nämlich als „preclusive“ befände, so wäre die Kehrseite dieser Feststellung, dass die Direktoren einer Gesellschaft ständig auf der Suche nach potentiellen Bietern und Angeboten für ihre Gesellschaft sein müssten. Denn ansonsten würden die Aktionäre ihrer Gesellschaft etwaiger Abstimmungsgelegenheiten beraubt. Auch das Versäumnis der Direktoren, ständig bemüht zu sein, ihren Aktionären möglichst viele Angebote zur Abstimmung vorzulegen, müsste also als „preclusive“ bewertet werden. Den Direktoren eine Pflicht zur ständigen Suche nach Übernahmeangeboten aufzulegen würde aber nicht nur der Rolle der Direktoren als „decision-making body“[125] der Gesellschaft zuwiderlaufen, sondern zugleich dem etablierten Grundsatz widersprechen, nach dem Direktoren grundsätzlich das Recht haben, eine angebotene Transaktion ohne Angabe von Gründen abzulehnen.[126]

---

123 *Lebovitch/Morrison*, 2001 COL. BUS. L. REV. 1, 46 f.

124 Eine erste kritische Auseinandersetzung und modifizierte Anwendung der Unitrin-Regeln findet allerdings sich in Chesepeake Corp. v. Shore, 771 A.2d 293 (Del. Ch. 2000).

125 QVC, 571 A.2d 34, 45 (Del. 1994).

126 Time, 571 A.2d 1140, 1152 (Del.1990); siehe auch *Lipton/Steinber*, § 5A.01[7].

Als Zwischenergebnis lässt sich festhalten, dass der Unocal/Unitrin Standard einerseits auf No-Shop-Vereinbarungen Anwendung findet, weil diese – genau wie alle anderen Deal Protection Devices – Abwehrmaßnahmen sind. Da No-Shop-Vereinbarungen aber – anders als andere Deal Protection Devices – niemals die Entscheidungsfreiheit der Aktionäre beeinflussen oder gar die Abstimmung der Aktionäre gänzlich vereiteln, erfüllen sie die Kriterien des Unocal/ Unitrin Standards grundsätzlich nicht.[127] Der Unocal/Unitrin Standard unterwirft No-Shop-Vereinbarungen deshalb nicht einer strengeren gerichtlichen Kontrolle, sondern stellt nur ein bedeutungsloses Zwischenglied auf dem Weg zur Kontrolle nach der Business Judgment Rule dar. Der Unocal/Unitrin Standard bekommt No-Shop-Vereinbarungen mit anderen Worten nicht zu fassen und ist deshalb ein ungeeigneter Standard of Review für No-Shop-Vereinbarungen. Sollten sich die Gerichte Delawares allerdings eines Tages dazu durchringen, Unitrins Verhältnismäßigkeitskriterien wieder aufzugeben und zu dem ursprünglichen Unocal Standard zurückzukehren, so mag die hier vorgenommene Kritik am Vorschlag, No-Shop-Vereinbarungen am Unocal/Unitrin Standard zu messen, ihre Gültigkeit verlieren.

Die Gründe der Kritik am Vorschlag, No-Shop-Vereinbarungen am Unocal/ Unitrin Standard zu messen, gelten gleichermaßen für den sogenannten Franchise Approach.[128] Die Befürworter des Franchise Approach erkennen, dass „[d]raconian deal protection measures may have the effect of eliminating or drastically reducing the stockholders' free choice".[129] Da sie aber um die Erhaltung der Entscheidungsfreiheit der Aktionäre bemüht sind, ist nach ihrer Ansicht ausschlaggebend, ob Deal-Protection-Maßnahmen „preclusive" sind und ob die Aktionäre ihr Recht behalten, „to vote yes or no without being, in essence, compelled or coerced".[130] Damit unterscheidet sich der Franchise Approach – trotz der von *Alexander* vehement behaupteten und betonten Unterschiede – nicht vom Unocal/Unitrin Standard. Die Kriterien für die Zulässigkeit von Deal Protection Devices sind vielmehr genau dieselben.[131] Hinsichtlich der Anwendung auf No-

127 In dieser Hinsicht unterscheiden sich No-Shop-Vereinbarungen von anderen Deal Protection Devices wie etwa Break-Up Fees.

128 Siehe *Strine*, BUS. LAW. 919, 942 (2001); *Varallo/Raju*, 26 DEL. J. CORP. L. 975, 981 f. (2001); *Alexander*, 26 DEL. J. CORP. L., 897, 907 (2001) (der seinen Ansatz als „vote coercion standard" bezeichnet).

129 *Alexander*, 26 DEL. J. CORP. L., 897, 902 (2001).

130 *Strine*, BUS. LAW. 919, 942 (2001); siehe auch *Varallo/Raju*, 26 DEL. J. CORP. L. 975, 981 f. (2001).

131 Bemerkenswert ist, dass sowohl *Vice Chancellor Strine* als auch Alexander sich der Unocal/Unitrin-Sprache bedienen, wie beispielsweise „draconian", „preclusive" oder „coercive". Siehe *Alexander*, 26 DEL. J. CORP. L., 897, 902 (2001); *Strine*, BUS. LAW. 919, 942 (2001).

Shop-Vereinbarungen ist der Franchise Approach damit derselben Kritik ausgesetzt wie der Unocal/Unitrin Standard.

2. *Der Revlon Standard*

Eine Transaktion mit Kontrollwechsel verpflichtet die Direktoren der Zielgesellschaft, für deren Aktionäre den höchstmöglichen Preis zu erzielen.[132] Direktoren, die sich vor diese Aufgabe gestellt sehen, mögen es unter Umständen zur Erfüllung ihrer Pflicht für erforderlich halten, Deal Protection Devices zuzustimmen. Denn die Sicherheit, die Deal Protection einem Bieter bietet, stellt für den Bieter einen Wert dar, der sich – falls seitens der Zielgesellschaft vorteilhaft verhandelt wird – im Kaufpreis wiederspiegelt.[133] Zugleich stellt sich die Gefahr unzulässiger und missbräuchlich vereinbarter Deal Protection Devices aber auch und gerade im Zusammenhang mit den Revlon-Pflichten.[134] Denn die Hindernisse, die Deal Protection für konkurrierende höhere Angebote schafft, können besonders leicht mit der Pflicht kollidieren, für die Aktionäre den höchsten Preis für die Gesellschaft zu erzielen.

a) Untersucht man die Rechtsprechung des Staates Delaware auf die Zulässigkeit von Deal Protection Devices und insbesondere No-Shop-Vereinbarungen nach dem Revlon Standard, so lässt sich ein Trend von einer zunächst sehr strengen und restriktiven Beurteilung von Deal Protection Devices hin zu einer der Deal Protection freundlicheren und großzügigeren Rechtsprechung erkennen.[135]

In der Revlon-Entscheidung befand der Deleware Supreme Court eine Lock-Up Option, eine Break-Up Fee und eine „no-shop provision“[136] für unwirksam, weil sie ein unzulässiger Versuch gewesen seien, weitere Angebote zu verhindern, und „part of an overall plan to thwart Pantry Prides's [des Konkurrenzbie-

---

132 Siehe oben unter II.A.3.b.

133 Siehe *Alexander*, 26 DEL. J. CORP. L., 897, 904 (2001) ([T]he risk of being topped creates uncertainty, which detracts from value. Thus, a buyer who could buy two identical assets for the same price will prefer the transaction involving fewer contingencies.“)

134 *Alexander*, 26 DEL. J. CORP. L., 897, 904 (2001).

135 Anders als bei der Beurteilung der Zulässigkeit von Deal Protection Devices nach dem Unocal/Unitrin Standard muss bei der Frage nach der Zulässigkeit von Deal Protection Devices nach dem Revlon Standard nicht zwischen No-Shop-Vereinbarungen und anderen Deal Protection Devices unterschieden werden.

136 Revlon, Inc. v. MacAndrews & Forbes Holding, Inc. (Revlon), 506 A.2d 173, 175 (Del. 1986). Die „no-shop provision“ beinhaltete „a promise by Revlon to deal exclusively with Forstmann [the buyer]“. Siehe Revlon, Inc. v. MacAndrews & Forbes Holding, Inc. (Revlon), 506 A.2d 173, 175 (Del. 1986).

ters] efforts".[137] Das Gericht führte weiter aus, dass „[t]he no-shop provision, like the lock-up option, while not per se illegal, is impermissible ... when a board's primary duty becomes that of an auctioneer responsible for selling the company to the highest bidder".[138] Das Gericht der Revlon-Entscheidung erklärte Deal Protection Devices für Transaktionen mit Kontrollwechsel damit für grundsätzlich unzulässig.

Nur drei Jahre nach Revlon begannen die Gerichte Delawares jedoch, die Deal-Protection-Problematik im Anwendungsbereich der Revlon-Pflichten differenzierter zu beurteilen. In der Entscheidung Barkan v. Amsted Industries, Inc.[139] erklärte der Delaware Supreme Court eine No-Shop-Vereinbarung für zulässig, weil die Direktoren der Zielgesellschaft Grund zu der Annahme hatten, dass kein Konkurrenzbieter in der Lage sein würde, das angenommene Angebot zu überbieten, und dass deshalb keine andere Transaktion den Aktionären der Zielgesellschaft einen höheren Preis für ihre Aktien bescheren würde.[140] In der Barkan-Entscheidung stellte das Gericht mit anderen Worten fest, dass die Direktoren der Zielgesellschaft mit Recht davon ausgehen durften, derjenigen Transaktion zugestimmt zu haben, die für ihre Aktionäre die bestmögliche war.[141] Der Barkan-Entscheidung lag folgender Sachverhalt zugrunde: Eine Investmentbank hatte in einem Gutachten geäußert, dass der angebotene Kaufpreis „high in the range of fairness"[142] gelegen habe, dass die Zielgesellschaft für zehn Monate „in play" gewesen sei, ohne dass ein Bieter hervorgetreten sei,[143] der zu einem Angebot bereit gewesen wäre, und dass die Transaktion dem Bieter erhebliche Steuervorteile gebracht habe, „that could be reflected in the price offered to shareholders".[144] Das Gericht legte aber Wert auf die Erklärung, dass es den Abschluss von No-Shop-Vereinbarungen nicht grundsätzlich und unter allen Umständen gutheiße. So heißt es in der Entscheidung weiter, dass „[w]here a board has no reasonable basis upon which to judge the adequacy of a contemplated transaction, a no-shop restriction gives rise to the inference that the board seeks to forestall competing bids".[145] Das ausschlaggebende Kriterium sei, „that the board

---

137 Revlon, Inc. v. MacAndrews & Forbes Holding, Inc. (Revlon), 506 A.2d 173, 184 (Del. 1986).
138 Revlon, Inc. v. MacAndrews & Forbes Holding, Inc. (Revlon), 506 A.2d 173, 184 (Del. 1986).
139 Barkan v. Amsted Industries, Inc. 567 A.2d 1279 (Del. 1989).
140 Barkan v. Amsted Industries, Inc. 567 A.2d 1279, 1287 f. (Del. 1989).
141 Barkan v. Amsted Industries, Inc. 567 A.2d 1279, 1287 f. (Del. 1989).
142 Barkan v. Amsted Industries, Inc. 567 A.2d 1279, 1283 (Del. 1989).
143 Barkan v. Amsted Industries, Inc. 567 A.2d 1279, 1287 (Del. 1989).
144 Barkan v. Amsted Industries, Inc. 567 A.2d 1279, 1287 (Del. 1989).
145 Barkan v. Amsted Industries, Inc. 567 A.2d 1279, 1288 (Del. 1989).

had sufficient knowledge of the relevant markets to form the basis for its belief that it acted in the best interest of the shareholders".[146]

Den Grundsätzen der Barkan-Entscheidung entsprechend erklärte das Gericht der QVC-Entscheidung eine Stock-Option-Vereinbarung und eine No-Talk-Vereinbarung mit Fiduciary-Out-Klausel mit der Begründung für unzulässig, dass die Direktoren der Zielgesellschaft nicht auf der Grundlage angemessener Informationen gehandelt hätten, sondern aufgrund ihrer uninformierten Annahme, dass das Konkurrenzangebot illusorisch sei, wie gelähmt gewesen seien und dass unter diesen Umständen die Stock Option-Vereinbarung und die No-Talk-Vereinbarung „were impeding the realization of the best value reasonably available to the Paramount stockholders".[147]

In Rand v. Western Airlines, Inc.[148] erklärte das Gericht ein Lock-Up und eine No-Talk-Vereinbarung ohne Fiduciary-Out-Klausel, in der es hieß, „that Western and its representatives could not ‚initiate contact with, solicit, encourage, or participate in any way in discussions or negotiations with, or provide any information or assistance to, any third party ... concerning any acquisition of [Western]'",[149] für zulässig. In der Entscheidung wird erklärend ausgeführt, dass „[b]ecause such provisions tend to foreclose further bidding, they must be carefully scrutinized" und dass ihre „validity ... turns on whether they assist the board in their ‚obligation to seek the best value reasonably available' to the stockholders".[150] Was die der Rand-Entscheidung zugrundeliegende Tatsachenfeststellung betrifft, so befand das Gericht, dass das Lock-Up und die No-Talk-Vereinbarung bei Erzielung des höchstmöglichen Kaufpreises förderlich gewesen seien.[151] Im Bemühen um einen Verkauf von Western Airlines hatten dessen Direktoren das Unternehmen neun verschiedenen Fluggesellschaften zum Kauf an-

---

146 Barkan v. Amsted Industries, Inc. 567 A.2d 1279, 1288 (Del. 1989).

147 QVC, 571 A.2d 34, 50 (Del. 1994). Die QVC-Entscheidung ist allerdings insofern zweideutig, als in ihr hinsichtlich Zulässigkeit von Deal Protection Devices sowohl aus der Barkan-Entscheidung als auch aus der insoweit Barkan widersprechenden Revlon-Entscheidung zitiert wird.

148 Rand v. Western Airlines, Inc., No. 8632, 1994 Del. Ch. LEXIS 26 (Del. Ch. Feb. 25, 1994), aff'd, 659 A.2d 228 (Del. 1995).

149 Rand v. Western Airlines, Inc., No. 8632, 1994 Del. Ch. LEXIS 26, *7 (Del. Ch. Feb. 25, 1994). Das Gericht bezeichnete die Vereinbarung als No-Shop-Vereinbarung. Nach den in dieser Arbeit geltenden Definitionen handelt es sich bei der Vereinbarung aber um eine No-Talk-Vereinbarung ohne Fiduciary-Out-Klausel (vgl. oben unter I.A).

150 Rand v. Western Airlines, Inc., No. 8632, 1994 Del. Ch. LEXIS 26, *18 (Del. Ch. Feb. 25, 1994) (aus QVC zitierende).

151 Rand v. Western Airlines, Inc., No. 8632, 1994 Del. Ch. LEXIS 26, *18 (Del. Ch. Feb. 25, 1994).

geboten, von denen nur Delta Airlines Interesse an einem Kauf geäußert hatte. Das Gericht stellte deshalb fest, dass Western den Markt vollständig abgesucht („fully canvassed“[152]) hatte. Hinzukam, dass Western das Lock-Up und die No-Talk-Vereinbarung gegen eine Material-Adverse-Change-Klausel eingetauscht hatte, die an der ursprünglichen gemessen für Delta Airlines viel verbindlicher war. Insofern hatten sich die Vertragspartner in gewisser Weise wechselseitige Sicherheit hinsichtlich des Zustandekommens und des Erfolges der Transaktion eingeräumt. Vor allem aber konnten die Direktoren von Western darlegen, dass sie ihrer „duty to act on a fully informed basis“ nachgekommen waren.[153]

In nachfolgenden Entscheidungen, welche die Zulässigkeit von No-Shop-Vereinbarungen in Transaktionen mit Kontrollwechsel betrafen, haben die Gerichte einen noch großzügigeren Standpunkt eingenommen. In der Entscheidung In re Vitalink Communications Corp. Shareholders Litigation[154] zum Beispiel hat das Gericht eine einfache No-Shop-Vereinbarung mit der Begründung für zulässig befunden, dass „these provisions do not, in themselves, prevent a company from canvassing the market“ und dass „the Lockup option and the No-shop clause were, at best, minimal impediments to an implicit market test“.[155] Sowohl in Matador Capital Management Corp. v. BRC Holding, Inc.[156] als auch in Golden Cycle, LLC v. Allan[157] beurteilten die Gerichte No-Talk-Vereinbarungen mit Fiduciary-Out-Klauseln und befanden, dass „[s]uch provisions do not preclude ‚post-agreement market checks‘“.[158] In McMillan v. Intercargo Corp.[159] beschrieb *Vice Chancellor Strine* eine einfache No-Shop-Vereinbarung als „rather standard“ und erklärte, dass „[t]he presence of this type of provision in a merger agreement is hardly indicative of a Revlon … breach“.[160] In der Entscheidung In re Pennaco Energy, Inc. Shareholders Litigation[161] erklärte *Vice Chancellor Strine* sogar, dass eine Gesellschaft unter Umständen durchaus eine Break-Up

---

152 Rand v. Western Airlines, Inc., No. 8632, 1994 Del. Ch. LEXIS 26, *18 (Del. Ch. Feb. 25, 1994).

153 Rand v. Western Airlines, Inc., No. 8632, 1994 Del. Ch. LEXIS 26, *11 (Del. Ch. Feb. 25, 1994).

154 In re Vitalink Communications Corp. Shareholders Litigation, No. 12,085, 1991 Del. Ch. LEXIS 195 (Del. Ch. Nov. 8, 1991).

155 In re Vitalink Communications Corp. Shareholders Litigation, No. 12,085, 1991 Del. Ch. LEXIS 195, *19 und *32 (Del. Ch. Nov. 8, 1991).

156 729 A.2d 280 (Del. Ch. 1998).

157 Golden Cycle, 1998 Del. Ch. LEXIS 237 (Del. Ch. Dec. 10, 1998).

158 Matador Capital, 729 A.2d 280, 291. Siehe auch Golden Cycle, 1998 Del. Ch. LEXIS 237, *32 (Matador Capital zitierend).

159 McMillan v. Intercargo Corp., 768 A.2d 492 (Del. Ch. 2000).

160 McMillian v. Intercargo Corp., 769 A.2d 492, 506 (Del. Ch. 2000).

161 In re Pennaco Energy, Inc. Shareholders Litigation, 787 A.2d 691 (Del. Ch. 2001).

Fee und eine einfache No-Shop-Vereinbarung treffen dürfe, auch wenn sie nur mit einem einzigen Bieter verhandelt habe.[162]

Eine Kehrtwende hat die Rechtsprechung des Staates Delaware jedoch in der viel beachteten Omnicare-Entscheidung[163] des Delaware Supreme Court aus dem Jahre 2003 gemacht. Stark vereinfacht dargestellt ging es in der Omnicare-Entscheidung darum, dass sich die finanziell angeschlagene NCS Healthcare, Inc. um einen Mergerpartner bemühte. NCS Healthcare verhandelte sowohl mit Omnicare, Inc. als auch mit Genesis Health Venture, Inc. Nachdem Omnicare kein Interesse an einem Merger mit NCS Healthcare geäußert hatte, schloss NCS Healthcare einen Mergervertrag mit Genesis ab, der sowohl eine No-Talk-Vereinbarung mit Fiduciary-Out-Klausel als auch eine Best-Efforts-Vereinbarung enthielt, welche die Direktoren von NCS Healthcare verpflichtete, den Merger den Aktionären zur Abstimmung vorzulegen. Hinzukam ein Voting Agreement mit zwei Direktoren von NCS Healthcare, in dem diese beiden Direktoren sich verpflichteten, mit ihren Aktienpaketen an NCS Healthcare, die zusammen über 65% des Aktienkapitals ausmachten, für den Merger zu stimmen. Kurz nach Abschluss des Mergervertrages mit Genesis unterbreitete Omincare den NCS-Healthcare-Aktionären ein besseres Angebot. Die NCS-Healthcare-Direktoren zogen daraufhin ihre Empfehlung, für den Merger mit Omnicare zu stimmen, zurück. Aufgrund der Best Efforts Clause und der Voting Agreements war der Merger mit Genesis aber nicht mehr zu Fall zu bringen. Mit ihrer Klage griffen Omnicare und einige NCS Healthcare Aktionäre den so weitgehend gesicherten Mergervertrag mit Genesis an. Nachdem der Delaware Court of Chancery die Klage abgewiesen hatte, gab der Delaware Supreme Court den Klägern recht und erklärte den Merger Vertrag mit Genesis aufgrund der drakonischen Deal-Protection-Maßnahmen für unzulässig und unwirksam.

Obwohl der Omnicare-Entscheidung keine Transaktion mit Kontrollwechsel zugrundelag und der Revlon Standard deshalb keine Anwendung fand, lohnt es sich, die Entscheidung an dieser Stelle genauer zu untersuchen. Denn die äusserst strenge Behandlung von Deal-Protecion-Maßnahmen in der Omnicare-Entscheidung wird erst recht bei der Beurteilung von Deal-Protection-Maßnahmen in Transaktionen mit Kontrollwechsel zu beachten sein.

Die Omnicare-Entscheidung ist vielschichtig. Für die Beurteilung von No-Shop-Vereinbarungen ist zunächst einmal bedeutsam, dass der Delaware Supreme Court die Entscheidung des Chancery Court insoweit bestätigte, als er mit drei zu zwei Stimmen entschied, dass Deal Protection Devices in einer Transak-

---

162 In re Pennaco Energy, Inc. Shareholders Litigation, 787 A.2d 691, 693, 705 ff. (Del. Ch. 2001).

163 Omnicare Inc. v. NCS Healthcare, Inc., 818 A.2d 914 (Del. 2003).

tion ohne Kontrollwechsel am Unocal/Unitrin Standard zu messen seien.[164] Weiter stellte der Supreme Court – dem Unocal/Unitrin Standard entsprechend – fest, dass es unzulässig sei, die Aktionäre der Zielgesellschaft mittels Deal Protection Devices vor vollendete Tatsachen zu stellen.[165] Es ist bereits ausgeführt worden, dass No-Shop-Vereinbarungen für sich genommen niemals eine solche Wirkung entfalten können.[166] So verwundert es denn auch nicht, dass der Delaware Supreme Court seine Entscheidung, nicht auf die vereinbarte No-Talk-Vereinbarung, sondern auf die Kombination der Best-Efforts-Vereinbarung mit den Voting Agreements stützte.[167] Wichtiger ist aber, dass der Delaware Supreme Court auch entschied, dass „directors of a Delaware corporation have a continuing obligation to discharge their fiduciary responsibilities, as future circumstances develop, after a merger agreement is announced".[168] In der Omnicare-Entscheidung folgerte der Delaware Supreme Court daraus, dass die NCS-Healthcare-Direktoren sich eine Fiduciary-Out-Klausel hätten einräumen lassen müssen.[169] Insbesondere diese Feststellung des Delaware Supreme Court ist auf heftige Kritik gestoßen.[170] Genesis, das schon einmal eine angestrebte Transaktion in letzter Minute an Omnicare verloren hatte, hatte nämlich unmissverständlich und glaubhaft klargestellt, dass es sein Mergerangebot zurückziehen würde, falls NCS Healthcare weiterhin auf ein ungewisses besseres Angebot von Omnicare spekulieren würde. Die NCS-Healthcare-Direktoren mussten deshalb zwischen dem sicheren Merger mit Genesis und einer weiterhin abwartenden Haltung, die sowohl die Chance eines besseren Angebots durch Omnicare als auch die Gefahr eines Verlustes jeglicher Mergermöglichkeit mit sich brachte, wählen.

---

164 Omnicare Inc. v. NCS Healthcare, Inc., 818 A.2d 914, 932, 934 (Del. 2003). Hervorzuheben Omnicare Inc. v. NCS Healthcare, Inc., 818 A.2d 914, 932, 934 (Del. 2003). Bemerkenswert ist aber, dass sowohl *Chief Justice Veasey* als auch *Justice Steel* sich in ihren Dissenting Opinions deutlich gegen die Anwendung des Unocal/ Unitrin Standards und für eine Anwendung der Business Judgment Rule aussprechen (siehe Omnicare Inc. v. NCS Healthcare, Inc., 818 A.2d 914, 943, 947 (Del. 2003)).

165 Omnicare Inc. v. NCS Healthcare, Inc., 818 A.2d 914, 936 (Del. 2003).

166 Siehe oben unter I.D.

167 Vgl. Omnicare Inc. v. NCS Healthcare, Inc., 818 A.2d 914, 935 (Del. 2003).

168 Omnicare Inc. v. NCS Healthcare, Inc., 818 A.2d 914, 938 (Del. 2003). Weiter heißt es dort, dass „[t]he fiduciary duties of a director are unremitting and must be effectively discharged in the specific context of the actions that are required with regard to the corporation or its stockholders as circumstances change."

169 Omnicare Inc. v. NCS Healthcare, Inc., 818 A.2d 914, 939 (Del. 2003).

170 Siehe die Dissenting Opinion von *Chief Justice Veasey* und *Justice Steel*, Omnicare Inc. v. NCS Healthcare, Inc., 818 A.2d 914, 940 f. (Del. 2003); *Rieckers*, RIW 2003, 668, 674 f., *Bainbridge*, www.professorbainbridge.com/2003/10/omnicare_v_ncs_.html.

Dass das vom Delaware Supreme Court in der Omnicare-Entscheidung aufgestellte Erfordernis einer Fiduciary-Out-Klausel auch außerhalb der besonderen Umstände des Omnicare-Falles gilt, ist unwahrscheinlich. In letzter Konsequenz würde dies bedeuten, dass die Zulässigkeit von No-Shop-Vereinbarungen grundsätzlich von einer Fiduciary-Out-Klausel abhängig ist. Gegen eine derartige Tragweite der Omnicare-Entscheidung spricht aber, dass der Delaware Supreme Court an Rand v. Western Airlines festgehalten hat.[171] Auch hat er in seiner Omnicare-Entscheidung klargestellt, dass „[a]ny board has authority to give the proponent of a recommended merger agreement reasonable structural and economic defenses, incentives, and fair compensation if the transaction is not completed".[172] An der grundsätzlichen Zulässigkeit von Deal Protection Devices hat der Delaware Supreme Court damit festgehalten. Für die Annahme, dass ihm nur die Verbindung von Best-Efforts-Vereinbarung und Voting Agreements zu weit ging, und sich seine Ausführungen zum Erfordernis einer Fiduciary-Out-Klausel lediglich auf diese Kombination bezogen, spricht ausserdem, dass die No-Shop-Vereinbarung des Mergervertrages mit Genesis eine Fiduciary-Out-Klausel enthielt und dass Genesis den NCS-Healthcare-Direktoren gestattet hatte, mit Omnicare zu verhandeln. So verstanden, steht die Entscheidung im Einklang mit der Unocal/Unitrin Doktrin, nach der Maßnahmen unzulässig sind, welche die Aktionäre vor vollendete Tatsachen stellen. Die eigentliche Bedeutung der Omnicare-Entscheidung liegt deshalb darin, dass der Delaware Supreme Court sich klar zum Unocal/Unitrin Standard als Beurteilungsstandard für Deal-Protection-Maßnahmen bekannt hat. Aus diesem Urteil die grundsätzliche Unzulässigkeit von No-Shop-Vereinbarungen oder anderer Deal-Protection-Maßnahmen ohne Fiduciary-Out-Klausel herzuleiten, scheint hingegen nicht gerechtfertigt.

Für eine restriktive Auslegung der Omnicare-Entscheidung hat sich auch *Chancellor Chandler* in Orman v. Cullman[173] ausgesprochen. Der Orman-Entscheidung lag folgender Sachverhalt zugrunde: Match LB hatte General Cigar Holdings, Inc. ein Mergerangebot gemacht. Bedingung des Angebots war, dass sich die Familie Cullman, welche die Stimmmehrheit über General Cigar besaß, zum einen verpflichten würde, für den Merger zu stimmen, und zum anderen, für achtzehn Monate gegen anderweitige Merger- oder Kaufangebote zu stimmen. Der Vertrag sah zugleich aber vor, dass die Mehrheit der Minderheitsaktionäre dem Merger zustimmen musste. *Chancellor Chandler*, der widerwillig den Unocal/Unitrin Standard anwandte, griff diesen Punkt auf, um zwischen Orman und

---

171 Siehe Dissenting Opinion *Chief Justice Veasey* und *Justice Steel*, Omnicare Inc. v. NCS Healthcare, Inc., 818 A.2d 914, 942 (Del. 2003).

172 Omnicare Inc. v. NCS Healthcare, Inc., 818 A.2d 914, 938 (Del. 2003).

173 Orman v. Cullman, C.A. 18039 (Del. Ch. Oct. 20, 2004).

Omnicare zu unterscheiden. Das Voting Agreement in Orman, so der Chancellor, sei nicht „coercive", weil es den Minderheitsaktionären von General Cigar nach wie vor offen gestanden habe, gegen den Mergervertrag zu stimmen und den Merger mit Match LB damit zu verhindern. *Chancellor Chandler* hat damit bestätigt, dass Deal Protection Devices nur dann unzulässig sind, wenn sie – wie in Omnicare – „coercive" oder „preclusive" wirken. Die Reichweite der Omnicare-Entscheidung hat der Chancellor damit stark eingeschränkt. So verstanden wären No-Shop-Klauseln von der Omnicare-Entscheidung nicht betroffen. Abzuwarten bleibt jedoch, wie der Delaware Supreme Court auf die Orman-Entscheidung reagieren und ob er Chancellor Chandlers Rechtsauffassung aufgreifen wird.[174] Auch steht nach wie vor die in der Omnicare-Entscheidung vom Delaware Supreme Court aufgestellte Anforderung im Raum, dass die Direktoren auf nach Abschluß des Mergervertrages veränderte Verhältnisse reagieren können. Die Problematik dieses allgemein als verfehlt erachteten[175] Erfordernisses hat *Chancellor Chandler* in seiner Orman-Entscheidung in einer Fußnote deutlich zum Ausdruck gebracht. Er schreibt dort: „I pass over the practical difficulty implied by this balancing test: how can a board know, at the time of adopting defensive devices, the terms of a transaction that emerges at a later time? As formulated, the test would appear to result in judicial invalidation of negotiated contractual provisions based on the advantages of hindsight."[176]

Schließlich seien noch zwei weitere neue und vielbeachtete Entscheidungen des Delaware Court of Chancery erwähnt.

In re Netsmart Technologies, Inc. Shareholders Litigation[177] behaupteten die Kläger in einem Verfahren des einstweiligen Rechtsschutzes, dass die Direktoren sich beim Verkauf von Netsmart Technologies, einem kleinen Softwareunternehmen mit geringer Marktkapitalisierung, bei der Suche nach einem Käufer auf Private-Equity-Investoren beschränkt hätten und es unterlassen hätten, strategische Käufer anzusprechen, weil der Kauf des Unternehmens durch einen Private-Equity-Investor für das Management einer Zielgesellschaft regelmäßig hoch lukrativ sei, während der Kauf durch einen strategischen Käufer oft zu einer Auswechselung des Managements der Zielgesellschaft führe.

Vice Chancellor Strine untersagte in der Netsmart-Entscheidung die Abstimmung der Aktionäre über die Transaktion wegen unzureichender Offenlegung al-

---

174 Siehe *Howard, Veasey, Green*, IFLR, December 1004, 19, 20.

175 Vgl. die Zitate namenhafter Praktiker, Richter und Professoren in The M&A Journal, Volume 5; Number 5, 1, 8 (2004); siehe auch *Bainbridge*, www.professorbain bridge.com/2003/10/omnicare_v_ncs_.html; *Rieckers*, RIW 2003, 668, 674.

176 Orman v. Cullman, C.A. 18039, 1, 22 Fn. 98 (Del. Ch. Oct. 20, 2004).

177 In re Netsmart Technologies, Inc. Shareholders Litigation, C.A. No. 2563 –VCS (Del. Ch. March 14, 2007).

ler relevanten Gesichtspunkte des Verkaufsprozesses im Proxy Statement, bis diese Offenlegung nachgeholt würde. Im Hinblick auf die Zulässigkeit von Deal-Protection-Maßnahmen ist aber viel interessanter, wie deutlich *Vice Chancellor Strine* die Netsmart-Direktoren dafür kritisierte, dass sie kein umfassendes Auktionsverfahren unter Einbeziehung möglicher strategischer Käufer durchgeführt hatten.[178] Insbesondere bei kleineren Gesellschaften wie der Netsmart Technologies, Inc. sei dies erforderlich, weil bei kleinen Unternehmen mit geringer Marktkapitalisierung nicht gewährleistet sei, dass die bloße Bekanntgabe eines Verkaufs weitere mögliche Kaufinteressenten auf den Plan rufe.[179]

Dass die Netsmart-Entscheidung aber nicht vorschnell auf andere Sachverhalte übertragen werden kann und keine allgemeingültige, umfassende Auktionspflicht begründet, hat *Vice Chancellor Strine* in der auf die Netsmart-Entscheidung folgenden Lear-Entscheidung[180] klar gestellt. Der Lear-Entscheidung lag folgender Sachverhalt zugrunde:

Der berühmte Firmenjäger Carl Icahn war an die Direktoren der Lear Corporation, eines Fortune 200 Unternehmens, herangetreten und hatte angeboten, die Aktien der Lear Corporation im Rahmen eines Merger zu einem Preis von zuletzt $ 36 pro Aktie zu erwerben. Bedingung des Angebots war jedoch, dass die Gesellschaft vor der Unterzeichnung des Mergervertrages keine Auktion durchführen würde. Für den Fall eines Auktionsverfahrens vor Unterzeichnung drohte Carl Icahn, sein Angebot zurückzuziehen. Nach der Unterzeichnung sollten die Direktoren die Gesellschaft aber auf den Markt stellen und 45 Tage lang versuchen, höhere Angebote einzuholen (eine so genannte Go-Shop-Periode oder -Klausel). Würden sie ein besseres Angebot finden, so würde Carl Icahn seine bereits erworbenen Aktien mitveräußern und lediglich eine marktübliche Break-Up Fee erhalten.

Nach einigem Hin und Her nahmen die Direktoren das Angebot an, um den Aktionären der Lear Corporation das Angebot Carl Icahns zu sichern und um der Gefahr vorzubeugen, dass der Aktienpreis als Reaktion auf die Nachricht, dass Carl Icahn sich zurückgezogen habe, fallen würde und Carl Icahn damit ein späteres niedrigeres Angebot ermöglicht werden würde. Ausserdem sahen sich die Direktoren durch die Go-Shop-Periode und die Vereinbarung mit Carl Icahn, nach der dieser seine Aktien im Falle eines besseren Angebots mitveräußern würde, hinreichend abgesichert.

---

178 Vgl. In re Netsmart Technologies, Inc. Shareholders Litigation, C.A. No. 2563 – VCS, 44 f. (Del. Ch. March 14, 2007).

179 In re Netsmart Technologies, Inc. Shareholders Litigation, C.A. No. 2563 –VCS, 47 f. (Del. Ch. March 14, 2007).

180 In re Lear Corporation, Shareholder Litigation, C.A. No. 2728-VCS (Del. Ch. June 15, 2007).

Zwar bemängelte *Vice Chanellor Strine*, dass die persönlichen Vorteile, welche die von Carl Icahn vorgeschlagene Transaktion für den CEO der Lear Corporation im Hinblick auf seine Rentenansprüche mit sich brachte, nicht offen gelegt worden waren. An der Entscheidung der Direktoren, das Angebot Carl Icahns ohne vorige Durchführung eines Auktionsverfahrens anzunehmen und die Gesellschaft erst nach der Unterzeichnung des Mergervertrages einem gründlichen Marktcheck zu unterziehen, fand er aber nichts auszusetzen.[181] Er bestätigte vielmehr, dass es kein allgemeingültiges Rezept für die Erfüllung der Revlon-Pflichten gebe, sondern dass der Einzellfall bestimmte Maßnahmen gebiete oder unter Umständen entbehrlich mache.

b) Obwohl die dargestellten Entscheidungen auf den ersten Blick keine klare Linie hinsichtlich der Beurteilung von No-Shop-Vereinbarungen in Verträgen über Transaktionen mit Kontrollwechsel erkennen lassen, erlauben sie dennoch die Herleitung einiger grundsätzlicher Prinzipien. So ist zunächst einmal festzustellen, dass selbst in Transaktionen mit Kontrollwechsel weder einfache No-Shop-Vereinbarungen noch No-Talk-Vereinbarungen grundsätzlich unzulässig sind.[182] Es sei die Prophezeiung gewagt, dass auch die Omnicare-, Netsmart- und Lear-Entscheidungen daran nichts ändern werden. Wie Rand v. Western Airlines deutlich formuliert, setzt der Abschluss einer No-Shop- oder einer No-Talk-Vereinbarung aber voraus, dass diese die Maximierung des Shareholder Value im Verkaufsprozess fördert.[183] Ob das der Fall ist, muss von den Direktoren der Zielgesellschaft entschieden werden, deren Entscheidung insoweit – den Grundsätzen des Revlon Standard entsprechend – der Business Judgment Rule unterliegt und deshalb nur eine eingeschränkte gerichtliche Kontrolle findet.[184] Die Gerichte entscheiden deshalb richtig, wenn sie ihre Aufmerksamkeit vor allem darauf richten, ob die Direktoren ihre Entscheidung auf der Grundlage angemessener Informationen getroffen haben. Barkan, QVC und Rand v. Western Airlines lassen den Zusammenhang zwischen dem Nachweis einer gutgläubig und auf der Grundlage angemessener Informationen getroffenen Entscheidung und

---

181 In re Lear Corporation, Shareholder Litigation, C.A. No. 2728-VCS, 3 (Del. Ch. June 15, 2007). Auch in der insoweit ganz ähnlich gelagerten Enscheidung In re The Topps Company, Shareholders' Litigation, Nos 2786-VCS und 2998-VCS (Del. Ch. June 14, 2007) entschied *Vice Chancellor Strine*, dass eine Go-Shop-Vereinbarung ein adäquates Mittel sein könne, um die Revlon-Pflichten zu erfüllen.

182 Siehe *Lipton/Steinberger*, Takeovers & Freezeouts, § 5A.03[3]; *Bainbridge*, 75 MINN. L. REV. 239, 301 f. (1990); *Varallo/Raju*, 55 BUS. LAW. 1609, 1616 f. (2000); anders allerdings *Burgess*, 2001 COLUM. BUS. L. REV. 431, 469 ff. (2001), die No-Talk-Vereinbarungen kategorisch für unzulässig hält.

183 Rand, 1994 Del. Ch. LEXIS 26, at *11.

184 Siehe Revlon, 506 A.2d 173, 184 f. (Del. 1986).

der Zurückhaltung der Gerichte, eine einzige Klausel eines komplexen und austarierten Unternehmenskaufvertrages für nichtig zu erklären, deutlich erkennen.

Was die verschieden strengen Varianten einer No-Shop-Vereinbarung betrifft, so hat Rand v. Western Airlines klargestellt, dass No-Talk-Vereinbarungen ohne Fiduciary-Out-Klausel zwar nicht grundsätzlich unzulässig, jedoch nur unter außergewöhnlichen Umständen gerechtfertigt sind. No-Talk-Vereinbarungen können beispielsweise zulässig sein, wenn der einzige ersichtliche Kaufinteressent die No-Talk-Vereinbarung zur Bedingung für den Abschluss eines Vertrages macht oder wenn der No-Talk-Vereinbarung ein vergleichbar einschneidendes Zugeständnis des Vertragspartners gegenübersteht.[185] QVC hat den Direktoren einer Zielgesellschaft zudem aufgegeben, vor dem Abschluss einer No-Talk-Vereinbarung aktiv den Markt nach weiteren Bietern abzusuchen und alle anderen bereits abgegebenen oder möglichen Angebote gründlich auszuwerten. Interessant ist, dass die in Rand v. Western Airlines und QVC aufgestellten strengen Voraussetzungen einer No-Talk-Vereinbarung sich in jüngeren Entscheidungen wiederfinden, welche die Zulässigkeit von No-Talk-Vereinbarungen in strategischen Transaktionen – also solchen ohne Kontrollwechsel – betrafen und in Frage stellten.[186] Obwohl die diesen Fällen zugrundeliegenden Transaktionen keinen Kontrollwechsel nach sich zogen und sie deshalb nicht die Revlon-Pflichten hervorriefen, sondern nach der Business Judgment Rule beurteilt wurden, nutzten die Gerichte die Gelegenheit, um ihrer Skepsis gegenüber No-Talk-Vereinbarungen Ausdruck zu verleihen. Diesem Umstand wird bei der Bewertung der Zulässigkeit von No-Talk-Vereinbarungen in Transaktionen mit Kontrollwechsel im Wege eines Erst-recht-Schlusses Rechnung zu tragen sein.

Bei der Beurteilung einfacher No-Shop-Vereinbarungen zeigen sich die Gerichte Delawares weitaus großzügiger. Obwohl sie stets betonen, dass auch einfache No-Shop-Vereinbarungen nur auf der Grundlage angemessener Informationen abgeschlossen werden dürfen, beanstanden die Gerichte einfache No-Shop-Vereinbarungen in aller Regel nicht.[187] Gleiches gilt für No-Talk-Vereinbarungen mit Fiduciary-Out-Klausel[188] und – konsequenterweise – für einfache No-Shop-Vereinbarungen mit Fiduciary-Out-Klausel. Der Grund für diese Recht-

---

185 Vgl. Rand, 1994 Del. Ch. LEXIS 26, *11.

186 Siehe ACE Ltd. v. Capital Re Corp., 747 A.2d 95 (Del. Ch. 1999); Phelps Dodge Corp. v. Cyprus Amex Minerals Co., No. 17,389, 1999 Del. Ch. LEXIS 202, 83 (Del. Ch. Sept. 27, 1999).

187 Vgl. In re Pennaco Energy, Inc. S'holder Litig., 787 A.2d 691, 693, 705 f. (Del. Ch. 2001); McMillan v. Intercargo Corp., 768 A.2d 492, 506 (Del. Ch. 2000).

188 Siehe Matador Capital Management Corp. v. BRC Holdings, Inc. 729 A.2d 280, 291 (Del. Ch. 1998); Golden Cycle, LLC v. Allen, No. 16,301, 1998 Del. Ch. LEXIS 237, *51 (Del. Ch. Dec. 10, 1998).

sprechung wird in dem Umstand zu suchen sein, dass es den Direktoren im Falle einer einfachen No-Shop-Vereinbarung, einer No-Talk-Vereinbarung mit Fiduciary-Out-Klausel oder einer einfachen No-Shop-Vereinbarung mit Fiduciary-Out-Klausel weiterhin möglich ist, auf ein besseres konkurrierendes Angebot einzugehen. Das in diesen Vereinbarungen gemachte Zugeständnis, sich nicht aktiv um Konkurrenzangebote zu bemühen, wird von den Gerichten offensichtlich nicht für schwerwiegend erachtet. Solange es sich bei den geschützten Transaktionen um solche handelt, die öffentlich bekannt gemacht worden sind, und solange Konkurrenzbieter deshalb die Möglichkeit haben, ihrerseits aktiv zu werden und ein Konkurrenzangebot abzugeben, ist die Rechtsprechung der Gerichte Delawares, die einfache No-Shop-Vereinbarungen und No-Talk-Vereinbarungen mit Fiduciary-Out-Klausel weitgehend unangetastet lässt, gerechtfertigt und vernünftig.

Der Vollständigkeit halber sei hinzugefügt, dass die Gerichte bei ihrer Beurteilung von No-Shop-Vereinbarungen nur die Informationen berücksichtigen dürfen, die auch den Direktoren beim Abschluss der Vereinbarung zur Verfügung standen.[189] Umstände hingegen, die sich erst nach diesem Zeitpunkt herausstellen, finden keine Berücksichtigung. Würde man, einigen Vertretern der Literatur folgend,[190] solche Ereignisse in die Bewertung von No-Shop-Vereinbarungen einfließen lassen, so würde man die Direktoren einer ex-post-Betrachtung ihrer Entscheidung aussetzen, was nicht nur ungerecht wäre, sondern auch den Grundsätzen des amerikanischen Gesellschaftsrechts wiedersprechen würde.[191]

3. Die Business Judgment Rule

Der zur Prüfung übriggebliebene Standard of Review für No-Shop-Vereinbarungen in Transaktionen ohne Kontrollwechsel, nämlich die Business Judgment

---

189 Vgl. *Laster*, 32 Del. L. REV. 179, 212 f., 217 (2000); *Lebovitch/Morrison*, 2001 COL. BUS. L. REV. 1, 5, laut denen „[a] provision that is a reasonable restriction on the board at the time it is adopted should not be struck at a later date simply because of changed circumstances or an unexpected bid“. Siehe auch *Varallo/Raju*, 55 BUS. LAW. 1609, 1636 ff. (2000), die behaupten, dass „there is no logical basis for having an analysis of whether a board breached its fiduciary duties turn on subsequent events outside of the board's control“.

190 Siehe zum Beispiel *Balotti/Sparks, III*, 96 Nw. U. L. REV. 467, 486 (2002), die behaupten, dass „[a] restrictive no-shop clause becomes highly problematic and must be evaluated in light of post contracting events“.

191 Vgl. die Ratio der Business Judgment Rule, wonach Direktoren gerade vor einer ergebnisorientierten ex post Bewertung ihrer Entscheidung geschützt werden sollen. Siehe oben unter II.A.1.

Rule, ist der richtige.[192] Im Gegensatz zu den Revlon-Pflichten sind die Direktoren der Zielgesellschaft nach der Business Judgment Rule nicht verpflichtet, den höchsten Kaufpreis für die Gesellschaft zu erzielen. Nach der Business Judgment Rule ist es den Direktoren vielmehr gestattet, neben dem angebotenen Preis auch strategische Überlegungen und Zielsetzungen in ihre Entscheidung einfließen zu lassen, die nach Meinung der Direktoren zwar nicht unmittelbar, aber mittel- oder langfristig der Maximierung des Vermögens der Aktionäre dienen.[193]

Im Zusammenhang mit der Business Judgment Rule haben vier jüngere Entscheidungen des Delaware Court of Chancery zur Zulässigkeit von No-Talk-Vereinbarungen in strategischen Transaktionen, d.h. solche ohne Kontrollwechsel, viel Beachtung gefunden. Da diese Urteile einige Rückschlüsse auf die Beweggründe der Gerichte Delawares in ihrem Umgang mit No-Talk- und No-Shop-Vereinbarungen und die maßgeblichen Kriterien bei deren Beurteilung zulassen, lohnt es sich, sie ein weiteres Mal zu untersuchen.

a) In der Phelps-Dodge-Entscheidung[194] beantragte die Phelps Dodge Corporation die einstweilige Nichtigkeitserklärung einer 6,3-prozentigen Break-Up Fee und einer No-Talk-Vereinbarung ohne Fiduciary-Out-Klausel, die Bestandteil eines Mergervertrages zwischen Cyprus Amex Minerals Co und Asarco, Inc. waren.[195] *Chancellor Chandler* verwehrte Phelps Dodge den Erlass der beantragten einstweiligen Verfügung mit der Begründung, dass Phelps Dodge kein irreparabler Schaden drohe.[196] Zugleich stellte *Chancellor Chandler* aber fest, dass Phelps Dodge eine „probability of success on the merits" bewiesen habe, und ergriff er die Gelegenheit, um seine starken Zweifel sowohl an der Zulässigkeit der Break-Up Fee als auch an der Zulässigkeit der No-Talk-Vereinbarung kundzutun.[197] Hinsichtlich der Break-Up Fee äußerte *Chancellor Chandler* in einem obiter dictum,

---

192 So im Ergebnis auch *Hanewicz* in 28 J. CORP. L. 205, 207, 214, 257 f. (2003), der No-Shop-Vereinbarungen allerdings unzutreffend ihren abwehrenden Charakter abspricht und der schon deshalb ihre Beurteilung nach dem Unocal/Unitrin Standards ablehnt. Vgl. hierzu oben unter II.B.1.

193 Siehe oben unter II.A.3.b. Die bahnbrechende Entscheidung in diesem Zusammenhang ist und bleibt die Time-Entscheidung.

194 Phelps Dodge, No. 17,398, 1999 Del. Ch. LEXIS 202 (Del. Ch. Sept. 27, 1999).

195 Phelps Dodge, No. 17,398, 1999 Del. Ch. LEXIS 202, *4 f. (Del. Ch. Sept. 27, 1999).

196 Phelps Dodge, No. 17,398, 1999 Del. Ch. LEXIS 202, *5 (Del. Ch. Sept. 27, 1999). Phelps Dodge beabsichtigte entweder Cypress Amex Minerals und Amex einzeln oder beide zusammen zu erwerben. Chancellor Chandler äußerte deshalb, dass „Phelp's contention that it would walk away after a merger is consumated between Cyprus and Asarco is a self inflicted harm". Phelps Dodge, No. 17,398, 1999 Del. Ch. LEXIS 202, *5 (Del. Ch. Sept. 27, 1999).

197 Phelps Dodge, No. 17,398, 1999 Del. Ch. LEXIS 202, *4 f. (Del. Ch. Sept. 27, 1999).

dass er „[would not] take up plaintiff's challenge to the termination fee as being unduly coercive [under Unocal], although I [*Chancellor Chandler*] think 6.3 percent certainly seems to stretch the definition of range of reasonableness and probably stretches the definition beyond its breaking point".[198] Was die No-Talk-Vereinbarung betraf, so führte *Chancellor Chandler* in der Business Judgment Rule entlehnter Sprache aus, dass die Direktoren von Phelps Dodge ihre „duty of care; that is, the duty to take care to be informed of all material information reasonably available" verletzt haben könnten.[199] Er erklärte seinen Standpunkt damit, dass „[n]o-talk provisions ... are troubling precisely because they prevent a board from meeting its duty to make an informed judgment with respect to even considering whether to negotiate with a third party".[200] *Chancellor Chandlor* erklärte, dass das Zugeständnis der No-Talk-Vereinbarung durch die Phelps-Dodge-Direktoren „the legal equivalent of wilfull blindness" gewesen sei.[201]

Die Phelps-Dodge-Entscheidung ist insbesondere unter zwei Gesichtspunkten interessant. Zum einen befürwortet und unterwirft *Chancellor Chandler* Deal Protection Devices der in dieser Arbeit vorgeschlagenen differenzierten Beurteilung. In seiner Auseinandersetzung mit der Break-Up Fee macht er deutlich, dass – wenn passend – die Unocal/Unitrin-Kriterien der Entscheidungsfreiheit der Aktionäre und des Verbots der Vereitelung einer Abstimmung maßgeblich seien.[202] Die No-Talk-Vereinbarung beurteilte der Chancellor aber wie selbstverständlich nach der Business Judgment Rule.[203] Zum anderen ist bemerkenswert, dass der Chancellor bei seiner Beurteilung der No-Talk-Vereinbarung nach der Business Judgment Rule ganz maßgeblich auf das Kriterium eines wohlinformierten Board of Directors abstellte.[204]

b) In ACE Ltd. v. Capital Re Corp. beantragte ACE Ltd., der Capital Re Corporation vorläufig zu untersagen, den mit ACE Ltd. vereinbarten Merger aufzugeben und sich statt mit ACE Ltd. nun mit XL Capital Ltd. zusammenzuschließen.[205] ACE Ltd. berief sich darauf, dass es Capital Re aufgrund einer No-Talk-Vereinbarung verboten gewesen sei, mit XL Capital zu verhandeln. Die No-Talk-Vereinbarung enthielt aber eine Fiduciary-Out-Klausel, welche die Befreiung der

198 Phelps Dodge, No. 17,398, 1999 Del. Ch. LEXIS 202, *5 (Del. Ch. Sept. 27, 1999).
199 Phelps Dodge, No. 17,398, 1999 Del. Ch. LEXIS 202, *4 f. (Del. Ch. Sept. 27, 1999).
200 Phelps Dodge, No. 17,398, 1999 Del. Ch. LEXIS 202, *4 (Del. Ch. Sept. 27, 1999).
201 Phelps Dodge, No. 17,398, 1999 Del. Ch. LEXIS 202, *4 (Del. Ch. Sept. 27, 1999).
202 Phelps Dodge, No. 17,398, 1999 Del. Ch. LEXIS 202, *5 (Del. Ch. Sept. 27, 1999).
203 Phelps Dodge, No. 17,398, 1999 Del. Ch. LEXIS 202, *4 f. (Del. Ch. Sept. 27, 1999).
204 Phelps Dodge, No. 17,398, 1999 Del. Ch. LEXIS 202, *4 f. (Del. Ch. Sept. 27, 1999).
205 ACE Ltd. v. Capital Re Corp., 747 A.2d 95 (Del. Ch. 1999).

Capital-Re-Direktoren von der No-Talk-Vereinbarung von der Bedingung abhängig machte, dass „the written advice of its [Capital Re's] outside legal counsel, that participating in such negotiations or discussions or furnishing such information is required in order to prevent the Board of Directors of the Company from breaching its fiduciary duties to its stockholders".[206] Vor der Aufnahme der Verhandlungen mit XL Capital, dessen Angebot das von ACE Ltd. um 25 Prozent übertraf, war Capital Re von seinen Beratern aber lediglich schriftlich bestätigt worden, dass „entering into discussions with XL Capital was ‚consistant with [the board's] fiduciary duties'".[207] ACE Ltd. behauptete deshalb, dass die Voraussetzungen der Fiduciary-Out-Klausel nicht vorgelegen hätten und dass Capital Re folglich seinen Vertrag mit ACE Ltd. gebrochen habe.[208] *Vice Chancellor Strine* legte die Fiduciary-Out-Klausel aber anders aus und erklärte, dass „[a]lthough perhaps not so clear as to preclude another interpretation, § 6.3 of the Agreement [the fiduciary out provision] is on its face better read as leaving the ultimate ‚good faith' judgment about whether the board's fiduciary duties required it to enter discussions with XL Capital to the board itself" und dass „[h]ere, the Capital Re board had good economic reason to believe that consummation of the merger in the face of the XL Capital offer was adverse to the interests of the Capital Re stockholders".[209] Capital Re habe deshalb seinen Vertrag mit ACE Ltd. nicht verletzt. Laut *Vice Chancellor Strine* wäre eine andere Auslegung der Fiduciary-Out-Klausel gleichbedeutend gewesen mit „an abdiction by the board of its duty to determine what its fiduciary obligations require at precisely that time in the life of the company when the board's own judgment is most important".[210] Der Vice Chancellor führte weiter aus, dass eine solche Interpretation der Fiduciary-Out-Klausel wahrscheinlich die Unwirksamkeit der No-Talk-Vereinbarung zur Folge hätte.[211] Zynisch fügte der Vice Chancellor hinzu, dass „such a provision is innocuous [anyway]", und fragte er: „I mean, can't the board find someone willing to give the opinion?"[212]

Hinsichtlich der grundsätzlichen Zulässigkeit von No-Shop-Vereinbarungen erklärte der Vice Chancellor, dass „one would think that there would be limited circumstances in which a board could prudently place itself in the position of not being able to entertain and consider a superior proposal to a transaction".[213]

---

206 ACE Ltd. v. Capital Re Corp., 747 A.2d 95, 98 (Del. Ch. 1999).
207 ACE Ltd. v. Capital Re Corp., 747 A.2d 95, 99 (Del. Ch. 1999).
208 ACE Ltd. v. Capital Re Corp., 747 A.2d 95, 100 f. (Del. Ch. 1999).
209 ACE Ltd. v. Capital Re Corp., 747 A.2d 95, 103 (Del. Ch. 1999).
210 ACE Ltd. v. Capital Re Corp., 747 A.2d 95, 106 (Del. Ch. 1999).
211 ACE Ltd. v. Capital Re Corp., 747 A.2d 95, 109 (Del. Ch. 1999).
212 ACE Ltd. v. Capital Re Corp., 747 A.2d 95, 106 (Del. Ch. 1999).
213 ACE Ltd. v. Capital Re Corp., 747 A.2d 95, 107 (Del. Ch. 1999).

Zugleich räumte er aber ein, dass selbst die in Frage stehende No-Talk-Vereinbarung unter Umständen zulässig gewesen wäre, wenn die Transaktion nicht zusätzlich durch Lock-Ups in der Form von Voting Agreements gesichert gewesen wäre, sondern die Aktionäre von Capital Re die freie Wahl zwischen dem vorgeschlagenen, einem anderen oder überhaupt keinem Merger gehabt hätten.[214] Schließlich wies der Vice Chancellor darauf hin, dass ein weiterer „legitimate circumstance may be where a board has actively canvassed the market, negotiated with various bidders in a competitive environment, and believes that the necessity to close a transaction requires that the sales context end".[215]

Die grundsätzliche Frage des richtigen Standard of Review für No-Shop-Vereinbarungen streifte *Vice Chancellor Strine* nur am Rande seiner Ausführungen.[216] Ohne sich festzulegen erklärte er, dass eine Beurteilung der Break-Up Fee und der No-Talk-Vereinbarung nach dem Unocal/Unitrin Standard sachgerecht sein könne.[217]

c) In In re IXC Communications, Inc. Shareholders Litigation[218] fochten Aktionäre von IXC Communications eine No-Talk-Vereinbarung mit Fiduciary-Out-Klausel an, die Teil eines Mergervertrages zwischen IXC Communications und Cincinnati Bell, Inc. war. Nahezu sechs Monate vor der Unterzeichnung des Mergers mit Cincinnati Bell hatte IXC Communications öffentlich erklärt, dass es die Investment Bank Morgan Stanley Dean Witter beauftragt habe, mögliche Merger- oder Verkaufsmöglichkeiten herauszufinden und durchzuspielen.[219] In der darauffolgenden Zeit verhandelte IXC Communications mit zahlreichen Interessenten, von denen einige mehr und andere weniger ernsthaft an einer Transaktion mit IXC Communications interessiert waren.[220]

---

214 ACE Ltd. v. Capital Re Corp., 747 A.2d 95, 110 n. 55 (Del. Ch. 1999).

215 ACE Ltd. v. Capital Re Corp., 747 A.2d 95, 107 n. 33 (Del. Ch. 1999).

216 *Vice Chancellor Strine* erklärte, dass „[i]n this necessarily hurried posture, it is impossible to examine in depth the appropriate doctrinal prism through which to evaluate the ‚no-talk' provision in the Merger Agreement". ACE Ltd. v. Capital Re Corp., 747 A.2d 95, 108 (Del. Ch. 1999).

217 ACE Ltd. v. Capital Re Corp., 747 A.2d 95, 109 (Del. Ch. 1999) („When corporate boards assent to provisions in merger agreements that have the primary purpose of acting as a defensive barrier to other transactions not sought out by the board, some of the policy concerns that animate the Unocal Standard of review might be implicated").

218 In re IXC Communications, Inc. Shareholders Litigation , Nos. 17,324 & 17,334, 1999 Del. Ch. LEXIS 210 (Del. Ch. Oct. 27, 1999).

219 IXC Communications, Inc. S'holders Litig., 1999 Del. Ch. LEXIS 210, *2 (Del. Ch. Oct. 27, 1999).

220 IXC Communications, Inc. S'holders Litig., 1999 Del. Ch. LEXIS 210, *4 f. (Del. Ch. Oct. 27, 1999).

Die Kläger beriefen sich auf die Phelps-Dodge-Entscheidung und vertraten die Ansicht, dass das IXC Communications Board of Directors seine Duty of Care verletzt habe, als es der No-Talk-Vereinbarung zustimmte.[221] *Vice Chancellor Steel*[222] ließ sich aber nicht überzeugen und wies den Antrag auf einstweilige Untersagung der bevorstehenden Abstimmung über den vorgeschlagenen Merger durch die Hauptversammlung ab.[223] Er beurteilte den Fall nach der Business Judgment Rule[224] und erklärte, dass die Kläger es nicht geschafft hätten, „[to] demonstrate that [the] IXC board inadequately informed itself about ... potential suitors over the search for a strategic partner“[225] und dass No-Talk-Vereinbarungen „are common in merger agreements and do not imply some automatic breach of fiduciary duty“[226]. Der Vice Chancellor führte dann weiter aus, dass „the assertion that the board ‚wilfully blinded‘ itself by approving the ... ‚no-talk‘ provision [was] unpersuasive ... considering how late in the process this provision came“ und dass er „[was] comfortable concluding that the IXC board met its duty of care by informing itself over ... nearly six months“.[227]

d) In State of Wisconsin Investment Board v. Bartlett (S.W.I.B.)[228] wiederholte und bestätigte *Vice Chancellor Steele* seine zuvor in IXC Communications geäußerten Ansicht zu No-Talk-Vereinbarungen. In S.W.I.B. beantragten Aktionäre der Medco Research, Inc. die einstweilige Untersagung eines Mergers zwischen Medco Research und King Pharmaceuticals, Inc.[229] Wie die Kläger in IXC Communications behaupteten die Kläger in S.W.I.B., dass die Direktoren von Medco Research grob fahrlässig gehandelt und damit ihre Duty of Care verletzt hätten, als sie die „no-talk/no-shop provision“ abschlossen.[230] *Vice Chancellor Steele*, der den Fall nach der Business Judgment Rule beurteilte, befand, dass „[t]he plaintiff's allegations do not demonstrate that the Medco board failed to inform itself of all material facts concerning the proposed merger with King“.[231] Vielmehr stellte der Vice Chancellor fest, dass das Medco Board mit der Hilfe einer Investmentbank „aggressively“ andere Interessenten gesucht habe und sich bemüht habe, „to ‚shop‘ the company“ und „to canvass the market to seek a more economically viable business combination“, bevor es den Merger mit King

---

221 IXC Communications, Inc. S'holders Litig., 1999 Del. Ch. LEXIS 210, *8.
222 *Vice Chancellor Steel* ist heute Justice des Supreme Court of Delaware.
223 IXC Communications, Inc. S'holders Litig., 1999 Del. Ch. LEXIS 210, *33 f.
224 IXC Communications, Inc. S'holders Litig., 1999 Del. Ch. LEXIS 210, *11 ff.
225 IXC Communications, Inc. S'holders Litig., 1999 Del. Ch. LEXIS 210, *13.
226 IXC Communications, Inc. S'holders Litig., 1999 Del. Ch. LEXIS 210, *17.
227 IXC Communications, Inc. S'holders Litig., 1999 Del. Ch. LEXIS 210, *16 f.
228 S.W.I.B., No. 17,727, 2000 Del. Ch. LEXIS 42 (Del. Ch. Feb. 24, 2000).
229 S.W.I.B., 2000 Del. Ch. LEXIS 42, *1 f.
230 S.W.I.B., 2000 Del. Ch. LEXIS 42, *6 ff.
231 S.W.I.B., 2000 Del. Ch. LEXIS 42, *15.

Pharmaceuticals einging.[232] Der Vice Chancellor fasste deshalb zusammen, „that the evidence equally supports the view that Medco's board proceeded with the King merger because its efforts had failed to find a viable combination with other suitors“ und weil „[t]he proposed merger with King ... appeared to be a viable and preferable option to going it alone“.[233] Die Medco-Research-Direktoren hätten ihre Treuepflichten somit nicht verletzt. Was die No-Talk-Vereinbarung betraf, führte der Vice Chancellor aus, dass „in the absence of [a] breach of fiduciary duty ... these provisions are reviewable as business judgments and are, thus, granted deference“.[234]

Den dargestellten Entscheidungen ist nachgesagt worden, dass darin No-Talk-Vereinbarungen uneinheitlich behandelt und beurteilt worden seien.[235] Auf den ersten Blick scheint es tatsächlich, als würde *Vice Chancellor Steel* in IXC Communications und S.W.I.B. einen deutlich großzügigeren Umgang mit No-Talk-Vereinbarungen pflegen und vorschlagen als *Vice Chancellor Chandler* in Phelps Dodge oder *Vice Chancellor Strine* in ACE Ltd. Bei näherer Betrachtung fällt aber eine weitreichende Übereinstimmung der in diesen Entscheidungen geäußerten Ansichten auf.[236]

Ungeachtet der Unsicherheit hinsichtlich des richtigen Standard of Review für No-Talk-Vereinbarungen und der Beurteilung dieser Vereinbarungen nach unterschiedlichen Standards of Review, heben alle drei Richter in den vier Entscheidungen das Kriterium eines umfassend informierten Board of Directors hervor. Ob nun *Vice Chancellor Chancler* seine Bedenken hinsichtlich der „duty to make an informed judgment with respect to even considering whether to negotiate with a third party“[237] äußerte, ob *Vice Chancellor Strine* einräumte, dass eine No-Talk-Vereinbarung unter Umständen zulässig sein könne, „where a board has actively canvassed the market, negotiated with various bidders in a competitive environment, and believes that the necessity to close a transaction requires that the sale's context end“,[238] oder ob *Vice Chancellor Steele* die Pflicht des Board of Directors betonte, „[to] inform itself of all material facts concerning the proposed merger“,[239] bevor es einer No-Talk-Vereinbarung zustimmt, das entscheidende Kriterium für die Zulässigkeit der No-Talk-Vereinbarung war in allen vier Entscheidungen die Informationsgrundlage, auf der die Entscheidung der Direk-

232 S.W.I.B., 2000 Del. Ch. LEXIS 42, *16.
233 S.W.I.B., 2000 Del. Ch. LEXIS 42, *17.
234 S.W.I.B., 2000 Del. Ch. LEXIS 42, *30.
235 Siehe beispielsweise *Hanewicz*, 28 J. CORP. L. 205, 213 (2003).
236 Vgl. *Varallo/Raju*, 55 BUS. LAW. 1609, 1627 (2000).
237 Phelps Dodge, 1999, Del. Ch. LEXIS 202, *4.
238 ACE Ltd. v. Capital Re Corp., 747 A.2d 95, 107 n. 36 (Del. Ch. 1999).
239 S.W.I.B., 2000 Del. Ch. LEXIS 42, *15.

toren beruhte. Dieses Kriterium wird typischer Weise mit der Business Judgment Rule assoziiert.

C. Zusammenfassung und Schlussfolgerungen

Der richtige Standard of Review für No-Shop-Vereinbarungen hängt von der Natur der Transaktion ab. Handelt es sich um eine Transaktion mit Kontrollwechsel, so werden die Revlon-Pflichten ausgelöst und werden die Gerichte überprüfen, ob die Direktoren ihre Pflicht, den unmittelbaren Shareholder Value zu maximieren, erfüllt haben. Handelt es sich bei der Transaktion hingegen um eine strategische, so sind Deal Protection Devices grundsätzlich am Unocal/Unitrin Standard zu messen.[240] Da No-Shop-Vereinbarungen aber Unitrins Verhältnismäßigkeitskriterien schon ihrer Natur nach nicht erfüllen können, sind No-Shop-Vereinbarungen nach der Business Judgment Rule zu bewerten.

Die auf den ersten Blick strenge Trennung zwischen Transaktionen mit Kontrollwechsel und strategischen Transaktionen verschwimmt, wenn man die praktische Umsetzung dieser Trennung genauer untersucht. Dies hat zwei Gründe. Zum einen genießen Direktoren selbst nach dem Revlon Standard hinsichtlich der Auswahl einer Strategie zur Erzielung des höchstmöglichen Kaufpreises für die Zielgesellschaft den Schutz der Business Judgment Rule. Zum anderen müssen die Direktoren auch im Falle einer strategischen Transaktion, die von vornherein nach der Business Judgment Rule zu beurteilen ist, für ihre Aktionäre das bestmögliche Angebot suchen und auswählen. Größere Freiheit genießen sie nur insoweit, als dass sie bei der Bewertung eines Angebots nicht auf das Kriterium des gebotenen Preises beschränkt sind, sondern in ihre Überlegungen auch langfristige, strategische Ziele einfließen lassen dürfen, die das Vermögen der Aktionäre nicht unmittelbar, sondern erst mit zeitlicher Verzögerung maximieren. Die Konsequenzen der verschwimmenden Unterschiede zwischen einer Transaktion mit Kontrollwechsel und einer strategischen Transaktion sind, dass die Direktoren der Zielgesellschaft in jedem Fall gutgläubig und auf der Grundlage angemessener Informationen handeln müssen. Trotz der Unterscheidung zwischen Transaktion mit Kontrollwechsel und strategischer Transaktion, korreliert ein umsichtiges und pflichtgemäßes Verhalten der Direktoren in beiden Fällen.[241] Dieses

---

240 Siehe oben unter II.B.1.

241 Siehe *Varallo/Raju*, 55 BUS. LAW. 1609, 1636 (2000) („Hence, it could be argued (and we do argue) that the most important and, we suggest, potentially outcome-determinative factor in these cases was *not* the standard of review used by the court, but instead the process followed by the board *before* the deal protections at issue had been approved.").

Ergebnis mag überraschen, ist aber vor dem Hintergrund, dass auch die Unterscheidung zwischen einer Transaktion mit und einer Transaktion ohne Kontrollwechsel in der Praxis oft nur mehr oder minder willkürlich getroffen werden kann, in keiner Weise schockierend.

Was die Zulässigkeit der einzelnen Varianten von No-Shop-Vereinbarungen betrifft, so lassen sich drei grundsätzliche Beobachtungen festhalten. Erstens steigt die Bereitschaft der Gerichte, eine No-Shop-Vereinbarung für nichtig zu erklären mit deren Intensität. Zweitens scheuen sich die Gerichte davor, sorgfältig vorbereitete und auf der Basis angemessener Informationen getroffene unternehmerische Entscheidungen zu verwerfen. Selbst eine einschneidende No-Shop-Vereinbarung kann deshalb durch den Nachweis einer gutgläubigen und wohlinformierten Entscheidung kompensiert werden. Drittens schwächen Fiduciary-Out-Klauseln die von No-Shop-Vereinbarungen ausgehenden Gefahren für die Aktionäre der Zielgesellschaft soweit ab, dass No-Shop-Vereinbarungen mit Fiduciary-Out-Klauseln kaum noch von den Gerichten kritisiert werden.

Im Einzelnen scheinen sich die folgenden Regeln herausgebildet zu haben: No-Talk-Vereinbarungen ohne Fiduciary-Out-Klausel erwecken das Misstrauen der Gerichte. Sie sind nur zulässig, wenn sie unbedingt erforderlich sind, um die bestmögliche Transaktion zum Abschuss zu bringen. Ihre Zulässigkeit hängt von einer ausgezeichnete Informationslage des Board of Directors ab. Sie stehen den Direktoren deshalb in aller Regel erst nach einer Auktion oder einem anderweitigen aktiven Absuchen des Marktes nach weiteren Angeboten zur Verfügung. Sie können außerdem zulässig sein, wenn sie im Austausch für ein vergleichbar einschneidendes Zugeständnis des Vertragspartners oder für einen außergewöhnlich hohen Kaufpreis eingeräumt wurden, von dem die Direktoren der Zielgesellschaft aus nachvollziehbaren Gründen annehmen durften, dass er nicht überboten werden würde. Einfache No-Shop-Vereinbarungen werden viel großzügiger beurteilt. Obwohl sie grundsätzlich an die gleichen Voraussetzungen geknüpft sind wie No-Talk-Vereinbarungen, erfordern sie einen deutlich weniger zwingenden Grund und stellen die Gerichte an den Beweis ihrer Gebotenheit erheblich weniger strenge Anforderungen. Die Gerichte haben einfache No-Shop-Vereinbarungen offensichtlich als Verhandlungsinstrument akzeptiert und zerreißen mühselig ausgehandelte und sorgfältig austarierte Unternehmenskaufverträge ihretwegen nicht. Schließlich schaffen ernsthafte und ausreichend weit formulierte Fiduciary-Out-Klauseln sowohl für einfache No-Shop-Vereinbarungen als auch für No-Talk-Vereinbarungen einen sicheren Hafen. Fiduciary-Out-Klauseln haben aber den Nachteil, dass sie den mit der No-Shop-Vereinbarung verfolgten Zweck teilweise unterlaufen. Dies gilt umso mehr, als sie für den Bieter das Risiko einer unvermutet weiten Auslegung durch die Gerichte bergen.

III. Die Zulässigkeit von No-Shop-Vereinbarungen nach deutschem Recht

Nachdem unter II. die Zulässigkeit von No-Shop-Vereinbarungen im amerikanischen Recht untersucht und diskutiert worden ist, soll der Blick nunmehr auf das deutsche Recht gerichtet werden. Schon in der Einleitung ist erwähnt worden, dass No-Shop-Vereinbarungen im Rahmen der verstärkten Investitionstätigkeit amerikanischer Investoren in Deutschland mittlerweile Einzug in deutsche Unternehmenskaufverträge gefunden haben.[242] Deutschen Anwälten dürften No-Shop-Vereinbarungen allerdings nach wie vor einiges Kopfzerbrechen bereiten. Auch im deutschen Recht ist die Frage der Zulässigkeit von No-Shop-Vereinbarungen und deren Voraussetzungen nämlich nicht auf Anhieb zu klären. Weder das Wertpapiererwerbs- und Übernahmegesetz (WpÜG) noch das Aktiengesetz (AktG) lassen auf den ersten Blick eine klare und eindeutige Antwort erkennen. Hinzukommt, dass No-Shop-Vereinbarungen – wie Deal Protection Devices überhaupt – in Deutschland bislang wenig Beachtung gefunden haben. Anders als in den U.S.A. waren sie in Deutschland bislang keiner gerichtlichen Kontrolle ausgesetzt und sind sie auch in der Literatur bisher kaum diskutiert worden.

Im Folgenden wird die Zulässigkeit von No-Shop-Vereinbarungen zunächst nach dem WpÜG und dann nach dem AktG geprüft und erörtert. Im Anschluss daran soll untersucht werden, ob die amerikanischen Regeln auf das deutsche Recht übertragbar sind und ihm als Vorbild und Orientierungshilfe dienen können.

A. Das Wertpapiererwerbs- und Übernahme Gesetz (WpÜG)

Das am 01.01.2002 in Kraft getretene Wertpapiererwerbs- und Übernahmegesetz (WpÜG) könnte hinsichtlich der Zulässigkeit von No-Shop-Vereinbarungen unter drei Gesichtspunkten einschlägig sein. Zum einen könnten No-Shop-Vereinbarungen in den Anwendungsbereich des § 33 WpÜG fallen. § 33 WpÜG enthält für den Fall eines feindlichen Übernahmeangebots ein an den Vorstand der Zielgesellschaft gerichtetes grundsätzliches Vereitelungsverbot. Nur bei Vorliegen der in § 33 WpÜG beschriebenen Ausnahmetatbestände ist es dem Vorstand gestattet, Abwehrmaßnahmen gegen das feindliche Übernahmeangebot zu ergreifen.

242 Siehe oben unter I.A.

Zum anderen könnte No-Shop-Vereinbarungen ein dem WpÜG immanenter Gleichbehandlungsgrundsatz entgegenstehen, der vorschreibt, alle Bieter insbesondere hinsichtlich des Zugangs zu Informationen gleichzubehandeln.[243] Schließlich könnte die Umsetzung der Übernahmerichtlinie im WpÜG und die Einführung der neuen §§ 33a bis 33c WpÜG für die Zulässigkeit von No-Shop-Vereinbarungen von Bedeutung sein.

1. § 33 WpÜG

§ 33 Abs. 1 Satz 1 WpÜG bestimmt, dass der Vorstand einer Zielgesellschaft nach der Veröffentlichung der Entscheidung zur Abgabe eines Angebots durch den Bieter keine Handlungen vornehmen darf, durch die der Erfolg des Angebots verhindert werden könnte. Die Vorschrift verbietet es dem Vorstand mithin, Abwehrmaßnahmen zu ergreifen. Sinn und Zweck dieses übernahmefreundlichen Vereitelungsverbots ist allein der Schutz der Aktionäre der Zielgesellschaft.[244] Das Vereitelungsverbot soll eigennützigem Vorstandsverhalten vorbeugen und den Aktionären der Zielgesellschaft die Möglichkeit eines günstigen Verkaufs ihrer Aktien offenhalten.[245] Die Aktionäre der Zielgesellschaft, nicht deren Vorstand, sollen über die Annahme eines Angebots entscheiden.[246] Das Vereitelungsverbot ist aber nicht frei von Ausnahmen. Es gilt nicht für Handlungen, die auch ein ordentlicher und gewissenhafter Geschäftsleiter einer Gesellschaft, die nicht von einem Übernahmeangebot betroffen ist, vorgenommen hätte, für die Suche nach einem konkurrierenden Angebot sowie für Handlungen, denen der Aufsichtsrat der Zielgesellschaft zugestimmt hat (§ 33 Abs. 1 Satz 2 WpÜG). § 33 Abs. 2 WpÜG bestimmt schließlich, dass Abwehrmaßnahmen auch zulässig sind, sofern die Hauptversammlung den Vorstand vor dem in § 33 Abs. 1 Satz 1 WpÜG genannten Zeitraum zu ihrer Ergreifung ermächtigt hat. Ein solcher Vorratsbeschluss muss die Abwehrmaßnahmen der Art nach bestimmen und kann für höchstens 18 Monate erteilt werden (§ 33 Abs 2 Satz 1 und 2 WpÜG).

---

243 So *Fleischer*, ZIP 2002, 651, 656.

244 *Ekkenga* in Ehricke/Ekkenga/Oechsler, WpÜG, § 33 Rz. 9 ff.; vgl. auch *Schwennicke* in Geibel/Süßmann, WpÜG, § 33 Rz. 92; *Hirte* in Kölner Kommentar WpÜG, § 33 Rz. 3, stellt hingegen fest, dass die Vorschrift „reflexartig" auch den Bieter schützt.

245 *Ekkenga* in Ehricke/Ekkenga/Oechsler, WpÜG, § 33 Rz. 11; *Hirte* in Kölner Kommentar WpÜG, § 33 Rz. 3; *Schwennicke* in Geibel/Süßmann, WpÜG, § 33 Rz. 1.

246 Begr. RegE, BTDrucks. 14/7034, S. 57.

a) No-Shop-Vereinbarungen als Abwehrmaßnahmen

Bevor genauer untersucht wird, ob und inwieweit No-Shop-Vereinbarungen in den Regelungsbereich des § 33 WpÜG fallen, ist zunächst in Erinnerung zu rufen, dass No-Shop-Vereinbarungen Abwehrmaßnahmen sind. Die Bezeichnung von No-Shop-Vereinbarungen als Deal Protection Devices darf dabei nicht in die Irre führen. Es ist bereits ausgeführt worden, dass jeder Schutz eines Deals zugleich die Abwehr anderer Angebote und Übernahmen beinhaltet.[247] Besonders deutlich wird dies am Beispiel einer No-Talk-Vereinbarung. Stellt die Zielgesellschaft einem bevorzugten Bieter Informationen zur Verfügung und verpflichtet sie sich im Rahmen einer No-Talk-Vereinbarung zugleich, diese Informationen anderen Bietern vorzuenthalten, so ist offensichtlich, dass diese Bieter einen Wettbewerbsnachteil erleiden und bei der Abgabe eines Angebots behindert sind.

Da No-Shop-Vereinbarungen somit Abwehrmaßnahmen sind, ist klar, dass sie dem Regelwerk des § 33 WpÜG unterliegen können.[248] Hat der Vorstand einer Zielgesellschaft etwa mehrere konkurrierende Angebote erhalten und entschließt er sich in einer solchen Situation dazu, einem der Bieter eine No-Talk-Vereinbarung einzuräumen, so liegt in diesem Verhalten eine Bevorzugung des einen und eine Benachteiligung der anderen Bieter. Vorbehaltlich eines Ausnahmetatbestandes würde ein solches Verhalten des Vorstands demnach gegen das Vereitelungsverbot des § 33 Abs. 1 Satz 1 WpÜG verstoßen.

Nun liegt dem Regelfall einer No-Shop-Absprache aber eine andere Konstellation zugrunde. Typischerweise ist es der Erstbieter, dem an einer No-Shop-Vereinbarung gelegen ist und der diese gerne schon in den Letter of Intent aufgenommen sehen würde. Schließlich ist er es, der glaubt, ein Wertsteigerungspotential oder Synergieeffekte entdeckt zu haben, und der deshalb einen trittbrettfahrenden Konkurrenzbieter befürchtet. In aller Regel wird es also zu einem Zeitpunkt zu Verhandlungen über No-Shop-Vereinbarungen kommen, in dem noch keine weiteren Bieter in Erscheinung getreten sind. Es stellt sich die Frage, ob der zeitliche Geltungsbereich des § 33 WpÜG auch schon diesen Zeitpunkt erfasst.

---

247 Siehe oben II.B.1; siehe auch *Hopt*, ZGR 2002, 333, 362 f.

248 Vgl. *Banerjea*, DB 2003, 1489, 1496, der die Zulässigkeit dann gemäß § 33 WpÜG davon abhängig macht, ob die Abrede geeignet ist, den Erfolg des Angebots zu verhindern.

b) Der zeitliche Geltungsbereich des § 33 WpÜG

Der Wortlaut des § 33 Abs. 1 Satz 1 WpÜG spricht gegen die Einbeziehung der eben geschilderten Situation in den Geltungsbereich des § 33 WpÜG. Die Vorschrift findet nur Anwendung auf Abwehrmaßnahmen, die der Vorstand „nach Veröffentlichung der Entscheidung zur Abgabe eines Angebots" ergreift. Der zeitliche Geltungsbereich des Vereitelungsverbots beginnt also erst mit der „Veröffentlichung der Entscheidung zur Abgabe eines Angebots". Vorher getroffene Abwehrmaßnahmen – sogenannte Präventivmaßnahmen – sind hingegen übernahmerechtlich zulässig.[249] Mit „Angebot" ist dasjenige gemeint, das durch die Abwehrmaßnahme des Vorstands verhindert werden könnte.[250] Im Fall einer No-Shop-Vereinbarung ist dies nicht das Angebot des Erstbieters – das im Gegenteil durch die No-Shop-Vereinbarung gerade geschützt und gefördert werden soll –, sondern kann es nur ein nachfolgendes Konkurrenzangebot sein. Der potentielle Konkurrenzbieter, dessen Angebot durch die No-Shop-Vereinbarung mit dem Erstbieter vereitelt werden könnte, hat aber noch keine Angebotsentscheidung veröffentlicht. Deshalb ließe sich bei strenger Ausrichtung am Wortlaut des § 33 WpÜG die Auslegung vertreten, dass eine mit dem Erstbieter vereinbarte No-Shop-Abrede überhaupt nicht in den zeitlichen Regelungsbereich des § 33 WpÜG fällt. Dieser Argumentation zufolge wären No-Shop-Vereinbarungen mit dem Erstbieter zulässige Präventivmaßnahmen.[251]

Eine so stark am Wortlaut haftende Argumentation wäre aber zu kurz gegriffen. Wer No-Shop-Vereinbarungen mit dem Erstbieter schlichtweg als Präventivmaßnahmen einordnet, verkennt den Zweck der Vorschrift, dass nämlich im Interesse der Aktionäre der Zielgesellschaft ein offener und waffengleicher Konkurrenzkampf zwischen mehreren Bietern stattfinden soll. Mit dem Angebot des Erstbieters wird die Zielgesellschaft als Übernahmekandidat auf dem Markt wahrgenommen und ist damit der Weg für eine potentielle Übernahmeschlacht zwischen konkurrierenden Bietern geebnet. Durch das erste Übernahmeangebot ist die Gesellschaft „in play" geraten; sie ist zur Zielgesellschaft geworden. Die Zeit für präventive Maßnahmen im eigentlichen, engeren Sinne ist damit abgelau-

249 Begr. RegE, BT Drucks. 14/7034, S. 58; *Ekkenga* in Ehricke/Ekkenga/Oechsler, WpÜG, § 33 Rz. 28; *Röh* in Haarmann/Riehmer/Schüppen, WpÜG, § 33 Rz. 53; *Schwennicke* in Geibel/Süßmann, WpÜG, § 33 Rz. 61; *Steinmeyer/Häger*, WpÜG, § 33 Rz. 7.

250 Siehe § 33 I WpÜG: „Nach Veröffentlichung der Entscheidung zur Abgabe eines Angebots ... darf der Vorstand der Zielgesellschaft keine Handlung vornehmen, durch die der Erfolg **des** Angebots verhindert werden könnte." (Hervorhebung durch den Verfasser); vgl. auch *Hirte* in Kölner Kommentar WpÜG, § 33 Rz. 26.

251 So im Ergebnis *Banerjea*, DB 2003, 1489, 1495 f.

fen. Außerdem unterscheiden sich No-Shop-Vereinbarungen mit dem Erstbieter insofern von wirklichen Präventivmaßnahmen, als sie nicht einmal pro forma alle potentiellen Bieter gleichermaßen behindern und abschrecken, sondern Ausdruck einer bereits getroffenen Selektion sind.[252] Räumt der Vorstand der Zielgesellschaft dem Erstbieter zum Beispiel eine No-Talk-Vereinbarung ein, so hat dieser Konkurrenzbietern gegenüber handfeste Vorteile. Der vom WpÜG angestrebte Konkurrenzkampf der Bieter wird damit durch den Abschluss einer No-Shop-Vereinbarung beeinträchtigt.[253] Schließlich spricht auch die Begründung des Regierungsentwurfs zum WpÜG gegen die Einordnung von No-Shop-Vereinbarungen als übernahmerechtlich zulässige Präventivmaßnahmen. Dort heißt es, dass § 33 WpÜG „vorbeugenden Maßnahmen des Managements zur Verhinderung oder Erschwerung von Übernahmen nicht entgegen" steht.[254] Die Verfasser des WpÜG hatten also abstrakt-generell wirkende Maßnahmen im Blick, als sie vorbeugende Maßnahmen für zulässig erklärten. Maßnahmen, die im Rahmen konkreter Übernahmeverhandlungen getroffen werden und die nicht auf die Vermeidung einer Übernahme schlechthin, sondern nur auf die Abwehr weiterer Bieter gerichtet sind, waren hingegen nicht gemeint.[255]

Obwohl No-Shop-Vereinbarungen mit dem Erstbieter demnach keine nach § 33 WpÜG erlaubten Präventivmaßnahmen darstellen, wird man § 33 WpÜG nicht so extensiv auslegen können, dass bereits No-Shop-Vereinbarungen mit dem Erstbieter in seinen zeitlichen Anwendungsbereich fallen. Das Konkurrenzangebot ist eben noch nicht in der Welt und der zeitliche Anwendungsbereich des

---

252 Vgl. auch *Fleischer*, ZIP 2002, 651, 656.

253 Vgl. *Fleischer*, ZIP 2002, 651, 654.

254 Begr. RegE, BTDrucks. 14/7034, S. 58.

255 Es mögen diese Überlegungen gewesen sein, die *Hopt* dazu bewogen haben, § 33 WpÜG durch die Vereinbarung einer Break-Up Fee berührt zu sehen (siehe *Hopt*, ZGR 2002, 333, 363). Hopt begründet seine Auffassung damit, dass „der Vorstand verspricht, Handlungen nach Veröffentlichung der Entscheidung zur Abgabe eines Angebots vorzunehmen, durch die der Erfolg des Angebots verhindert werden könnte" (ZGR 2002, 333, 363). Gegen diese Argumentation spricht aber, dass *Hopt* die Abwehrmaßnahme und –handlung künstlich in den Zeitraum nach der Veröffentlichung der Entscheidung des Konkurrenten zur Abgabe eines Angebots verlagert, indem er nicht auf das Versprechen, sondern auf den Eintritt des Erfolgs abstellt. Würde man *Hopts* Auffassung folgen, so wären auch klassische Präventivmaßnahmen, wie z.B. Change-of-Control-Klauseln, an § 33 WpÜG zu messen. Präventivmaßnahmen sind von § 33 WpÜG aber gerade nicht erfasst. So in seiner Kritik an *Hopts* These auch *Banerjea*, der allerdings darauf abstellt, ob die Abrede schwerpunktmäßig präventiv oder repressiv wirkt, und sich mit dem Hinweis darauf, dass eine Deal-Protection-Vereinbarung weitere Bieter nicht erst zu einem Rücktritt von ihrem Angebot bewegt, sondern bereits im Vorfeld abschreckt, für ersteres entscheidet. *Banerjea*, DB 2003, 1489, 1495 f.

§ 33 WpÜG damit nach dessen klarem und eindeutigem Wortlaut („nach Veröffentlichung") noch nicht eröffnet.[256] Hinzukommt, dass einer weiter reichenden Auslegung des Anwendungsbereichs des § 33 WpÜG neben dem Wortlaut auch die Entstehungsgeschichte dieser Vorschrift entgegensteht. Die Verfasser des § 33 WpÜG haben sich nämlich bewusst sowohl von dem zeitlich weiter gefassten Vereitelungsverbot des englischen City Code on Takeovers and Mergers als auch von einer in den Entwurf der Übernahmerichtlinie in der Fassung vom 06.06.2001 aufgenommenen weiter gehenden Umsetzungsmöglichkeit distanziert. Sowohl General Principle No. 7 als auch Rule 21.1 des City Code, der § 33 WpÜG als Vorbild diente,[257] lassen das Vereitelungsverbot bereits im Zeitpunkt eines „reason to believe that a bona fide offer might be immanent" einsetzen.[258] Der Entwurf der Übernahmerichtlinie in seiner Fassung vom 06.06.2001 enthielt in Art. 9 (1) a eine Umsetzungsoption, die es den Mitgliedstaaten ermöglichte, das grundsätzliche Vereitelungsverbot bereits vor der Bekanntgabe der Entscheidung des Bieters, „beispielsweise wenn das Leitungs- oder das Verwaltungsorgan

---

256 Ebenso *Hirte* in Kölner Kommentar WpÜG, § 33 Rz. 37.

257 *Drygala*, ZIP 2001, 1861, 1863.

258 Der vollständige Wortlaut des General Principle No. 7 des City Code lautet:
„At no time after a bona fide offer has been communicated to the board of the offeree company, or after the board of the offeree company has reason to believe that a bona fide offer might be immanent, may any action be taken by the board of the offeree company in relation to the affairs of the company, without the approval of the shareholders in general meeting, which could effectively result in any bona fide offer being frustrated or in the shareholders being denied an opportunity to decide on its merits."
Der vollständige Wortlaut der Rule 21.1 des City Code lautet:
„During the course of an offer, or even before the date of the offer if the board of the offeree company has reason to believe that a bona fide offer might be imminent, the board must not, except in pursuance of a contract entered into earlier, without the approval of the shareholders in general meeting:-
(a) issue any authorised but unissued shares or transfer or sell, or agree to transfer or sell, any shares out of treasury;
(b) issue or grant options in respect of any unissued shares;
(c) create or issue, or permit the creation or issue of, any securities carrying rights of conversion into or subscription for shares;
(d) sell, dispose of or acquire, or agree to sell, dispose of or acquire, assets of a material amount; or
(e) enter into contracts otherwise than in the ordinary course of business.
The notice convening such a meeting of shareholders must include information about the offer or anticipated offer.
Where it is felt that an obligation or other special circumstance exists, although a formal contract has not been entered into, the Panel must be consulted and its consent to proceed without a shareholders' meeting obtained."

der Zielgesellschaft feststellt, dass die Abgabe des Angebots unmittelbar bevorsteht",[259] einsetzen zu lassen.[260] Da der Regierungsentwurf des WpÜG erst am 11.07.2001 vorgelegt wurde, hatten die Verfasser ausreichend Zeit sich mit dem Entwurf der Übernahmerichtlinie vom 06.06.2001 auseinanderzusetzen.[261] Der Umstand, dass der Regierungsentwurf gleichwohl weder der Regelung des City Code noch der im Entwurf der Übernahmerichtlinie vom 06.06.2001 aufgezeigten Möglichkeit folgt, rechtfertigt den Schluss, dass sich die Verfasser des Regierungsentwurfs des WpÜG ganz bewusst für ein Vereitelungsverbot erst ab Veröffentlichung der Entscheidung des Bieters entschieden haben.

c) Zwischenergebnis

§ 33 WpÜG hält keine Antwort auf die Frage der Zulässigkeit von No-Shop-Vereinbarungen bereit. Die Verfasser des § 33 WpÜG hatten nur die Vereitelung eines feindlichen Erstgebots im Visier. Die Deal-Protection-Problematik dürfte ihnen dabei aus dem Blickfeld geraten sein. § 33 WpüG ist deshalb schlichtweg nicht auf No-Shop-Vereinbarungen und andere Deal Protection Devices zugeschnitten.[262]

2. Der Gleichbehandlungsgrundsatz des WpÜG

Fleischer glaubt, im WpÜG ein normenkonzipierendes Prinzip der Gleichbehandlung aller Bieter entdeckt zu haben.[263] Ausgangspunkt seiner Überlegung ist dabei § 22 Abs. 3 WpÜG. Diese Vorschrift bezieht sich auf Tender Offers und besagt, dass Inhaber von Wertpapieren der Zielgesellschaft, die das Angebot angenommen haben, bis zum Ablauf der Annahmefrist vom Vertrag zurücktreten können, sofern der Vertragsschluss vor Veröffentlichung der Angebotsunterlagen des konkurrierenden Angebots erfolgte. Zum einen eröffnet diese Regelung den Aktionären, die das Angebot des Erstbieters bereits angenommen haben, die Möglichkeit, sich doch noch von ihrem Vertrag mit dem Erstbieter zu lösen und

259 Art. 9 (1) a des Entwurfs der Übernahmerichtlinie in seiner Fassung vom 06.06.2001(abgedruckt in ZIP 2001, 1123 ff.).

260 Vgl. *Neye*, ZIP 2001, 1120, 1122.

261 Der Entwurf einer Übernahmerichtlinie vom 06.06.2001 ist am 04.07.2001 mit 273 zu 273 Stimmen bei 22 Enthaltungen vom Europäischen Parlament abgelehnt worden.

262 So auch *Fleischer*, ZIP 2002, 651, 654.

263 *Fleischer*, ZIP 2002, 651, 654.

stattdessen das günstigere Angebot des Zweitbieters anzunehmen.[264] Zum anderen erhält der Zweitbieter eine Chance, auch noch diejenigen Aktionäre auf seine Seite zu ziehen, die das Angebot des Erstbieters bereits angenommen haben.[265] § 22 Abs. 3 WpÜG ist damit klar konkurrenzfördernd und zweitbieterfreundlich. In der beschriebenen Übernahmesituation, wo einige Aktionäre das Angebot des Erstbieters bereits angenommen haben, ohne das Angebot des Zweitbieters kennen zu können, sorgt § 22 Abs. 3 WpÜG für Chancengleichheit zwischen den Bietern.[266] Diesen Rechtsgedanken will *Fleischer* „behutsam" verbreitern.[267] Seine Ausgangsfrage ist dabei, ob der Vorstand der Zielgesellschaft einen willkommenen Erstbieter gegenüber einem Zweitbieter bevorzugen darf oder ob er alle Bieter gleichbehandeln muss.[268] Konkret untersucht *Fleischer*, ob der Vorstand einer Zielgesellschaft, der einem Bieter eine Due Diligence Untersuchung gestattet hat, diese auch dem oder den Konkurrenzbietern erlauben muss.[269] Diese Frage hängt naturgemäß eng mit der Zulässigkeit von No-Shop-Vereinbarungen zusammen. Denn sollte der Vorstand der Zielgesellschaft alle Bieter informationell gleichbehandeln müssen, so läge es nahe, ihm auch zu untersagen, sich vertraglich im Rahmen einer No-Talk-Vereinbarung der Möglichkeit einer Weitergabe der Informationen an weitere Bieter zu entledigen. So kommt *Fleischer* denn auch aufgrund des seiner Auffassung nach im WpÜG verankerten normenkonzipierenden Prinzips der Gleichbehandlung zu dem Schluss, dass grundsätzlich weder die selektive Gestattung einer Due Diligence Untersuchung noch eine No-Talk-Vereinbarung mit dem Erstbieter übernahmerechtlich zulässig sind.[270]

Ökonomisch und rechtspolitisch spricht tatsächlich viel dafür, dem Vorstand eine grundsätzliche Pflicht zur Gleichbehandlung aller Bieter aufzuerlegen. Nur so lässt sich gewährleisten, dass es bei entsprechendem Interesse an der Zielgesellschaft zu dem nach § 22 Abs. 3 WpÜG gewünschten Übernahmekampf kommt, aus dem derjenige Bieter als Sieger hervorgeht, der mit der Zielgesellschaft den höchsten wirtschaftlichen Mehrwert erzielen zu können glaubt.[271] Au-

---

264 Vgl. Begr. RegE, BTDrucks. 14/7034, S. 50.

265 *Fleischer*, ZIP 2002, 651, 654.

266 *Fleischer*, ZIP 2002, 651, 654.

267 *Fleischer*, ZIP 2002, 651, 654.

268 *Fleischer*, ZIP 2002, 651, 654.

269 Die gleiche Überlegung stellt auch *Hopt* an, ZGR 2002, 333, 358.

270 *Fleischer*, ZIP 2002, 651, 656. Für die Due Diligence Untersuchung im Ergebnis ebenso *Hopt*, der feststellt, dass es nur bei einer Gleichbehandlung aller Bieter dazu kommt, „dass die nach § 22 WpÜG erwünschten konkurrierenden Angebote im Interesse des Aktionäre wirklich, d.h. ohne Verzerrung durch Due Diligence- und Insiderinformationen, konkurrieren können". *Hopt*, ZGR 2002, 333, 358, 375.

271 *Fleischer*, ZIP 2002, 651, 654, vgl. auch *Hopt*, ZGR 2002, 333, 358.

ßerdem dürfte eine Gleichbehandlung aller Bieter in aller Regel im Interesse der Aktionäre der Zielgesellschaft liegen, die mit steigender Nachfrage von wertvolleren Angeboten profitieren.[272] Es überrascht deshalb auch nicht, dass der englische City Code of Takeovers and Mergers den Umgang mit Informationen in Rule 20.2 ausdrücklich anspricht und zugunsten einer informationellen Gleichbehandlung aller gutgläubigen Bieter regelt. In Rule 20.2 des City Code heisst es, dass „[a]ny information, including particulars of shareholders, given to one offeror or potential offeror, whether named or unnamed, must, on request, be given equally and promptly to another offeror even if that offeror is less welcome. This requirement will usually only apply when there has been a public announcement of the existence of the offeror or potential offeror to which information has been given or, if there has been no public announcement, when the offeror or bona fide potential offeror requesting information under this Rule has been informed authoritatively of the existence of another potential offeror". Gerade wegen der ausdrücklichen Regelung der informationellen Gleichbehandlung mehrerer Bieter im City Code stellt sich aber die Frage, ob das von *Fleischer* vorgeschlagene normenkonzipierende Prinzip der Gleichbehandlung aller Bieter tatsächlich im WpÜG angelegt ist oder ob dessen Verfasser in § 22 Abs. 3 nicht ganz bewusst nur eine besondere Situation geregelt haben. Im letzteren Fall würde sich die Vorschrift nicht zur Herleitung eines übernahmerechtlichen Gleichbehandlungsgrundsatzes eignen.

Gegen die Herleitung eines allgemeingültigen übernahmerechtlichen Gleichbehandlungsgrundsatzes aus § 22 Abs. 3 WpÜG sprechen zunächst einmal gesetzessystematische Erwägungen. Hätten die Verfasser des WpÜG in § 22 Abs. 3 einen über den Wortlaut der Vorschrift hinausgehenden Gleichbehandlungsgrundsatz statuieren wollen, so hätten sie diesen systemgerecht bei den Allgemeinen Vorschriften (§§ 1-3 WpÜG) einordnen müssen. Dort nämlich sind die bei Angeboten zum Erwerb von Wertpapieren und bei Übernahmen geltenden allgemeinen Grundsätze geregelt.[273] Schon die systematische Stellung des § 22 Abs. 3 WpÜG spricht also dafür, dass diese Vorschrift allein auf die dort beschriebene Situation zugeschnitten ist und keinen darüber hinausgehenden allgemeingültigen übernahmerechtlichen Grundsatz enthält. Hinzukommt, dass es an einer ungewollten Regelungslücke fehlen dürfte, die für eine analoge Anwendung des § 22 Abs. 3 WpÜG beziehungsweise die Herleitung eines allgemeinen Gleichbehandlungsgrundsatzes aus § 22 Abs. 3 WpÜG erforderlich wäre.[274] Den

272 *Fleischer*, ZIP 2002, 651, 654; *Hopt*, ZGR 2002, 333, 358; *Zech*, Verhaltenspflichten des Vorstands der Zielgesellschaft in Bezug auf Abwehrmaßnahmen nach dem Wertpapiererwerbs- und Übernahmegesetz (WpÜG), S. 159.

273 Begr. RegE, BTDrucks. 14/7034, S. 33.

274 Vgl. *Larenz/Wolf*, Allgemeiner Teil des Bürgerlichen Rechts, § 4 Rz. 78 ff.

Verfassern des WpÜG muss die Problematik der informationellen Gleichbehandlung mehrerer Bieter bewusst gewesen sein. Denn nicht nur Rule 20.2 des City Code, sondern auch der Übernahmekodex in seiner Fassung vom 01.01.1998, auf die die Begründung des Regierungsentwurfs zum WpÜG Bezug nimmt,[275] haben die informationelle Gleichbehandlung aller Bieter explizit festgeschrieben.[276] Vor diesem Hintergrund wäre es erstaunlich, wenn die Verfasser des WpÜG es ungewollt versäumt hätten, den Gleichbehandlungsgrundsatz im Verhältnis zu den Bietern festzuschreiben, obwohl sie dem Gleichbehandlungsgebot im Verhältnis zu den Aktionären der Zielgesellschaft in § 3 Abs. 1 WpÜG systemgerecht eine eigene Vorschrift gewidmet haben. In diese Kerbe schlägt auch *Zech*, wenn sie unter Verweis auf die §§ 53a AktG und 39 Abs. 1 Nr.1 BörsG in der Fassung des Vierten Finanzmarktförderungsgesetzes[277] darauf hinweist, dass der Gesetzgeber im Kapitalmarktrecht dort, wo er eine Gleichbehandlungspflicht für erforderlich gehalten hat, diese auch gesetzlich geregelt hat.[278] Es spricht somit viel dafür, dass die Verfasser des WpÜG das Problem der Gleichbehandlung aller Bieter durchaus gesehen, es aber bewusst nicht geregelt haben. Folgt man dieser These, so darf ein übernahmerechtlicher Gleichbehandlungsgrundsatz im Verhältnis zu den Bietern aber auch nicht im Wege einer Analogie oder der Extraktion eines normenkonzipierenden Rechtsgedankens geschaffen werden.[279] Damit ist nicht gesagt, dass eine Gleichbehandlung aller Bieter nicht geboten oder unter Umständen sogar zwingend erforderlich sein mag. Nur aus dem

---

275 Begr. RegE, BTDrucks. 14/7034, S. 27.

276 Artikel 2 II des Übernahmekodex in seiner Fassung vom 01.01.1998 lautet: „Ist ein öffentliches Angebot erfolgt, so ist der Vorstand der Zielgesellschaft nach pflichtgemäßem Ermessen und im Interesse der Wertpapierinhaber verpflichtet, anderen Personen, die ihrerseits ein ernsthaftes Interesse an der Übernahme der Zielgesellschaft glaubhaft gemacht haben, die gleichen Informationen wie dem ursprünglichen Bieter zur Verfügung zu stellen. Über die Ernsthaftigkeit des Interesses entscheidet auf Antrag der Zielgesellschaft die Übernahmekommission." Der Übernahmekodex in seiner Fassung vom 01.01.1998 ist abgedruckt in AG 1998, S. 133 ff.

277 Vom 21.06.2002, BGBl I, 2010.

278 *Zech*, Verhaltenspflichten des Vorstands der Zielgesellschaft in Bezug auf Abwehrmaßnahmen nach dem Wertpapiererwerbs- und Übernahmegesetz (WpÜG), S. 159.

279 Vgl. auch *Zech*, Verhaltenspflichten des Vorstands der Zielgesellschaft in Bezug auf Abwehrmaßnahmen nach dem Wertpapiererwerbs- und Übernahmegesetz (WpÜG), S. 159, der es ebenfalls zweifelhaft erscheint, ob sich aus dem WpÜG eine Verpflichtung zur Gleichbehandlung aller Bieter, wie sie Rule 20.2 des City Code enthält, herleiten lässt.

WpÜG lässt sich eine Verpflichtung zur Gleichbehandlung aller Bieter nicht herleiten.[280]

3. Die Umsetzung der Übernahmerichtlinie im WpÜG

a) Die Übernahmerichtlinie

Nachdem sich der Ministerrat der Europäischen Union im November 2003 auf einen Text für eine europäische Übernahmerichtlinie geeinigt hatte, verabschiedete er diese am 30.03.2004 auch formal. Das europäische Parlament hatte dem Richtlinienvorschlag bereits am 16.12.2003 zugestimmt. Die Übernahmerichtlinie trat am 20.05.2004 in Kraft. Das jahrelange Ringen um die Übernahmerichtlinie hatte damit ein Ende gefunden. Die Übernahmerichtlinie musste von den Mitgliedstaaten innerhalb von zwei Jahren seit Inkrafttreten in nationales Recht umgesetzt werden. Für den deutschen Gesetzgeber bedeutete dies vor allem, dass er das WpÜG anpassen musste. Dies ist im Übernahmerichtlinie-Umsetzungsgesetz vom 8.08.2006 geschehen, das am 14.07.2006 in Kraft getreten ist.

aa) Geschichtlicher Abriss

1974 legte der englische Professor Robert Pennington den ersten Entwurf für eine europäische Übernahmerichtlinie vor.[281] Diesem ersten Entwurf folgten in den Folgejahren und -jahrzehnten viele weitere Entwürfe, von denen für das Verständnis der jüngst verabschiedeten Übernahmerichtlinie erstmals der Entwurf

280 Der Vollständigkeit halber sei erwähnt, dass Versuche, eine Pflicht zur Gleichbehandlung aller Bieter aus § 3 Abs. 1 WpÜG herzuleiten, der eine Gleichbehandlung der Aktionäre der Zielgesellschaft festschreibt, schon im Ansatz zum Scheitern verurteilt sind. Denn selbst wenn die Bieter zugleich Aktionäre der Zielgesellschaft sein sollten, so betrifft der Gleichbehandlungsgrundsatz des § 3 Abs. 1 WpÜG doch ihre Rechte als Aktionäre der Zielgesellschaft und nicht als Bieter (insoweit vollkommen richtig und ausführlicher *Fleischer*, ZIP 2002, 651, 654, und *Zech*, Verhaltenspflichten des Vorstands der Zielgesellschaft in Bezug auf Abwehrmaßnahmen nach dem Wertpapiererwerbs- und Übernahmegesetz (WpÜG), S. 159). Anders denken nur *Schwennicke/Grobys* in Geibel/Süßmann, WpÜG, § 3 Rz. 30, die aus § 3 Abs. 1 WpÜG einen kapitalmarktrechtlichen Gleichbehandlungsgrundsatz auch im Verhältnis zwischen der Zielgesellschaft und den Bietern herleiten wollen, gleichsam ausnahmsweise aber die Benachteiligung eines unliebsamen Bieters für gerechtfertigt halten, wenn dies zur Abwendung von Gefahren für das Unternehmen erforderlich ist.

281 Kommissions-Dokument XI/56/74.

aus dem Jahre 1996[282] von Bedeutung ist.[283] Im Gegensatz zu den früheren Vorschlägen[284], die alle versuchten, Übernahmen möglichst detailliert und vollständig zu regeln, beschränkte sich der Entwurf aus dem Jahre 1996 unter dem Einfluss der damaligen Diskussion über das Subsidiaritätsprinzip darauf, die wesentlichen Grundsätze für eine Übernahme vorzugeben.[285] Der Vorschlag von 1996 wurde 1997 erneut leicht geändert.[286] Am 19.06.2000 verfasste der Ministerrat der Europäischen Union einen Gemeinsamen Standpunkt zur Übernahmerichtlinie[287]. Als der Gemeinsame Standpunkt am 13.12.2000 dem Europäischen Parlament zur Abstimmung vorgelegt wurde, beschloss dieses 15 Änderungsvorschläge.[288] Die Änderungsvorschläge betrafen vor allem die Stärkung der Rechte der Arbeitnehmer und die Verwässerung der Neutralitätspflicht durch die Aufnahme von Vorratsbeschlüssen. Insbesondere in Deutschland hatte sich die ursprünglich positive Einstellung gegenüber der Übernahmerichtlinie und ihrer übernahmefreundlichen Grundhaltung nicht zuletzt aufgrund der Schlacht um die Übernahme der Mannesmann AG durch Vodafone grundlegend geändert.[289] Hinzukam die Sorge um das sogenannte Level Playing Field. Die Abschaffung der Höchst- und Mehrstimmrechte in Deutschland durch das Kontroll- und Transparenzgesetz (KonTraG) vom 27.04.1998[290] hatte zur Folge, dass deutsche Unternehmen bei einer strengen Neutralitätspflicht, wie sie der Gemeinsame Standpunkt vorsah, feindlichen Übernahmen ungeschützt ausgeliefert gewesen wären, während Aktiengesellschaften anderer europäischer Staaten zumindest auf Höchst- und Mehrstimmrechte und in Drittstaaten ansässige Aktiengesellschaften oft auf eine große Auswahl von Abwehrmaßnahmen zurückgreifen können.[291] Da die Kommission und der Ministerrat die Änderungsvorschläge des Parlaments ablehnten, kam es zu einem Vermittlungsverfahren. Aus diesem Vermittlungsver-

---

282 Richtlinienvorschlag vom 07.02.1996, ABl EG C 162 v. 06.06.1996, 5 = AG 1996, 217 mit Aufsatz *Krause*, AG 1996, 209.

283 Vgl. *Merkt*, ZHR 165 (2001), 227, 229.

284 Richtlinienvorschlag vom 19.01.1989, ABl EG C 64 v. 14.03.1989, 8 = ZIP 1989, 606, 675 und Richtlinienvorschlag vom 14.09.1990, ABl EG C 240 vom 26.09.1990, 7.

285 *Merkt*, ZHR 165 (2001), 224, 227 f.; *Mülbert*, IStR 1999, 83; *Wiesner*, ZIP 2004, 343, 344.

286 Vgl. Richtlinienvorschlag vom 11.11.1997, Abl EG C 378 v. 13.12.1997, 10 = ZIP 1997, 2173 mit Aufsatz *Neye*, ZIP 1997, 2172.

287 Gemeinsamer Standpunkt des Rates vom 19.06.2000, ABl EG C 23 vom 24.01.2001, 1 = AG 2000, 296 mit Aufsatz Neye, AG 2000, 289.

288 Beschluss des Europäischen Parlaments vom 13.12.2000, Abl EG C 232 v. 17.08.2001, 168.

289 Vgl. *Maul/Muffat-Jeandet*, AG 2004, 221, 223; *Wiesner*, ZIP 2004, 343, 344.

290 Vom 27.04.1998, BGBl I, 786.

291 Vgl. *Maul/Muffat-Jeandet*, AG 2004, 221, 223; *Wiesner*, ZIP 2004, 343, 344.

fahren ging der Kompromissvorschlag vom 06.06.2001[292] hervor, der grundsätzlich an der – von wenigen Ausnahmen abgesehen – strengen Neutralitätspflicht festhielt und den das Parlament am 04.07.2001 unter der maßgeblichen Mitwirkung der deutschen Abgeordneten mit 273 zu 273 Stimmen bei 22 Enthaltungen ablehnte. Die Übernahmerichtlinie war damit zunächst gescheitert.

Im September 2001 beauftragte die Kommission eine unabhängige Expertengruppe damit, Lösungsvorschläge für die Streitpunkte der Übernahmerichtlinie zu erarbeiten. In ihrem Bericht schlug die Expertengruppe in ihrem Bemühen um das Level Playing Field eine sogenannte Durchbrechungsregelung vor. Die Durchbrechungsregelung erklärte Übernahmehindernisse wie zum Beispiel Höchst- und Mehrstimmrechte zwar nicht grundsätzlich für unzulässig, sah aber für konkrete Übernahmesituationen vor, dass diese Hindernisse unter bestimmten Voraussetzungen außer Kraft gesetzt würden.[293] Am 02.10.2002 legte die Kommission einen weiteren Richtlinienvorschlag[294] vor, der an Stelle der von der Expertengruppe vorgeschlagenen Durchbrechungsregelung nur noch eine sogenannte Mini-Durchbrechungsregelung enthielt, die einige Übernahmehindernisse erfasste, andere aber, wie beispielsweise die in den skandinavischen Staaten zulässigen Mehrstimmrechte, unangetastet ließ. Die Mini-Durchbrechungsregelung war deshalb kaum geeignet, das Level Playing Field herzustellen.[295] Auch dieser Richtlinienvorschlag fand daher keine ausreichende Zustimmung bei den Mitgliedsstaaten, die sich mittlerweile großenteils der deutschen Forderung nach einem Level Playing Field angeschlossen hatten. Nachdem viele weitere Monate nach anderen Lösungsvorschlägen gesucht worden war, brachte schließlich die portugiesische Delegation das im Folgenden geschilderte Optionsmodell ein, auf das sich der Rat am 27.11.2003 einigte. Gegen den Widerstand der Kommission verabschiedete der Rat am 30.03.2004 eine entsprechende Übernahmerichtlinie, der das Parlament bereits am 16.12.2003 zugestimmt hatte. Die Übernahmerichtlinie war geboren.

---

292 PE-CONS 3629/01, abgedruckt in ZIP 2001, 1123.

293 *Dauner-Lieb/Lamandini*, BB 2003, 265, 266; *Wiesner*, ZIP 2004, 343, 345.

294 Richtlinienvorschlag vom 02.10.2002, KOM (2002), 534 endgültig = ZIP 2002, 1863.

295 *Dauner-Lieb/Lamandini*, BB 2003, 265, 267; *Wiesner*, ZIP 2004, 343, 345.

bb) Die Neutralitätspflicht, die Durchbrechungsregelung und das Optionsmodell

(1) Die Neutralitätspflicht

Art. 9 der Übernahmerichtlinie unterwirft das Leitungs- bzw. Verwaltungsorgan einer Zielgesellschaft grundsätzlich einem strengen Vereitelungsverbot.[296] Das Vereitelungsverbot gilt spätestens ab dem Zeitpunkt der Bekanntgabe der Entscheidung zur Abgabe eines Angebots (Art. 9 Abs. 2 Unterabsatz 2 der Übernahmerichtlinie). Die Mitgliedstaaten können das Vereitelungsverbot aber auch schon zu einem früheren Zeitpunkt eingreifen lassen, beispielsweise dann, wenn dem Leitungs- bzw. Verwaltungsorgan der Zielgesellschaft bekannt wird, dass die Abgabe des Angebots unmittelbar bevorsteht. Mit Ausnahme der Suche nach konkurrierenden Angeboten muss das Leitungs- bzw. Verwaltungsorgan einer Zielgesellschaft ab dem Eingreifen des Vereitelungsverbots eine Ermächtigung der Hauptversammlung einholen, bevor es Maßnahmen ergreift, durch die das Angebot vereitelt werden könnte (Art. 9 Abs. 1 der Übernahmerichtlinie). Vor dem Zeitpunkt des Eingreifens des Vereitelungsverbotes gefasste Entscheidungen, die weder teilweise noch vollständig umgesetzt worden sind, bedürfen einer Umsetzungsermächtigung oder -bestätigung durch die Hauptversammlung, wenn sie nicht den normalen Geschäftsbetrieb der Gesellschaft betreffen und wenn ihre Umsetzung dazu führen könnte, dass das Angebot vereitelt wird (Art. 9 Abs. 3 der Übernahmerichtlinie).

(2) Die Durchbrechungsregelung

Artikel 11 der Übernahmerichtlinie regelt den Wegfall von Wertpapierübertragungsbeschränkungen, Stimmrechtsbeschränkungen und Mehrstimmrechten im Falle einer Übernahme.

Art. 11 Abs. 2 der Übernahmerichtlinie bestimmt, dass Beschränkungen in Bezug auf die Übertragung von Wertpapieren, die in der Satzung der Zielgesellschaft vorgesehen sind, während der Annahmefrist dem Bieter gegenüber nicht gelten. Gleiches gilt für beschränkende vertragliche Vereinbarungen, die nach Annahme der Übernahmerichtlinie zwischen der Zielgesellschaft und ihren Aktionären oder zwischen Aktionären der Zielgesellschaft untereinander geschlossen wurden.

Art. 11 Abs. 3 der Übernahmerichtlinie erklärt, dass Stimmrechtsbeschränkungen, die in der Satzung der Zielgesellschaft vorgesehen sind, auf der Hauptversammlung, die gemäß Art. 9 der Übernahmerichtlinie über etwaige Abwehr-

296 *Kindler/Horstmann*, DStR 2004, 866, 868.

maßnahmen entscheidet, keine Wirkung entfalten. Dasselbe gilt für Stimmrechtsbeschränkungen, die nach Annahme der Übernahmerichtlinie zwischen der Zielgesellschaft und ihren Aktionären oder zwischen Aktionären der Zielgesellschaft untereinander geschlossen wurden. Schließlich bestimmt Art. 3 Unterabsatz 3 der Übernahmerichtlinie, dass Wertpapiere mit Mehrstimmrechten auf solchen Hauptversammlungen mit nur einer Stimme ausgestattet sind.

Art. 11 Abs. 4 der Übernahmerichtlinie bestimmt, dass, wenn der Bieter nach einem Angebot über 75% des stimmberechtigten Kapitals verfügt, etwaige Übertragungs- oder Stimmrechtsbeschränkungen gemäß den Absätzen 2 und 3 sowie etwaige außerordentliche Rechte der Gesellschafter zur Ernennung oder Abberufung der Mitglieder des Leitungs- bzw. Verwaltungsorgans, die in der Satzung der Zielgesellschaft vorgesehen sind, keine Anwendung finden. Weiter bestimmt Art. 11 Abs. 4 der Übernahmerichtlinie, dass Wertpapiere mit Mehrstimmrecht auf der ersten Hauptversammlung nach Angebotsschluss, die der Bieter einberuft, um die Satzung zu ändern oder Mitglieder des Leitungs- bzw. Verwaltungsorgans abzuberufen oder zu bestellen, nur mit einer Stimme ausgestattet sind.

Art. 11 Abs. 4a der Übernahmerichtlinie besagt, dass die Inhaber von Rechten, die aufgrund der Durchbrechungsregelung entwertet werden, angemessen zu entschädigen sind. Art. 11 Abs. 6 der Übernahmerichtlinie erklärt schließlich, dass die Durchbrechungsregelung keine Anwendung findet, wenn ein Mitgliedstaat Wertpapiere der Zielgesellschaft hält, die ihm mit dem Vertrag vereinbare Sonderrechte einräumen (sogenannte goldene Aktien).

Die Durchbrechungsregelung betrifft damit zwei Phasen des Übernahmeverfahrens. Art. 2 und Art. 3 der Übernahmerichtlinie regeln den Zeitraum zwischen der Bekanntmachung der Entscheidung zur Abgabe eines Angebots und dem Ende der Annahmefrist. Die zweite Phase wird durch den Erwerb von 75% des stimmberechtigten Kapitals an der Zielgesellschaft durch den Bieter eingeläutet.

(3) Das Optionsmodell

Art. 12 Abs. 1 der Übernahmerichtlinie räumt den Mitgliedstaaten die Möglichkeit ein, die Gesellschaften mit Sitz in ihrem Hoheitsgebiet von vornherein von der Anwendung der Art. 9 Abs. 2 und Abs. 3 und/oder Art. 11 der Übernahmerichtlinie freizustellen. Machen die Mitgliedstaaten von dieser Option Gebrauch, so müssen sie nach Art. 12 Abs. 2 der Übernahmerichtlinie den Gesellschaften die Wahl lassen, Art. 9 Abs. 2 und Abs. 3 und /oder Art. 11 der Übernahmerichtlinie anzuwenden. Diese Wahlentscheidung der Gesellschaft ist von den Aktionären in der Hauptversammlung zu treffen und der Aufsichtsstelle des Mitgliedstaates, in dem die Gesellschaft ihren Sitz hat, sowie den Aufsichtsstellen aller

Mitgliedstaaten, in denen ihre Wertpapiere an einem geregelten Markt gehandelt werden, mitzuteilen. Art. 12 Abs. 3 der Übernahmerichtlinie besagt, dass Mitgliedstaaten aber auch eine Gesellschaft, die Art. 9 Abs. 2 und Abs. 3 und/oder Art. 11 anwendet, nachträglich noch von der Anwendung dieser Vorschriften befreien können, wenn diese Gesellschaft Ziel eines Übernahmeangebots durch eine Gesellschaft wird, die ihrerseits dieselben Artikel nicht anwendet. Die dann durchgeführten Maßnahmen bedürfen allerdings der Ermächtigung durch die Hauptversammlung der Aktionäre der Zielgesellschaft, die frühestens 18 Monate vor der Bekanntgabe des Angebots ergehen darf (Art. 12 Abs. 5 der Übernahmerichtlinie).

b) Die Umsetzung der Übernahmerichtlinie

Der deutsche Gesetzgeber hat sich für das Optionsmodell entschieden und dieses im Übernahmerichtlinie-Umsetzungsgesetz vom 08.07.2008 umgesetzt. Rechtstechnisch ist dies durch die Einführung der §§ 33a bis 33c WpÜG geschehen. Am § 33 WpÜG ist, bis auf die Streichung des Abs. 3, der nunmehr im neuen § 33d WpÜG aufgegangen ist,[297] nicht gerüttelt worden.

Grundsätzlich gilt nach wie vor der herkömmliche § 33 WpÜG. Nur wenn die Zielgesellschaft sich gegen die Anwendung des herkömmlichen § 33 WpÜG und für die in § 33a Abs. 2 WpÜG umgesetzte strengere so genannte „Europäische Neutralitätspflicht" des Art. 9 der Übernahmerichtlinie entscheidet, gilt diese. Ebenso gilt die in § 33b Abs. 2 WpÜG umgesetzte Durchbrechungsregelung des Art. 11 der Übernahmerichtlinie nur dann, wenn sich die Zielgesellschaft für sie entschieden hat.

Im Einzelnen heißt es in § 33a Abs. 1 WpÜG, die Satzung einer Zielgesellschaft könne vorsehen, dass § 33 WpÜG keine Anwendung findet, sondern dass an seiner Stelle § 33a Abs. 2 WpÜG, der das Neutralitätsgebot des Art. 9 der Übernahmerichtlinie wortgetreu umsetzt, gelten soll. Von der Möglichkeit, die Neutralitätspflicht schon vor dem Zeitpunkt der Bekanntgabe der Entscheidung zur Abgabe eines Angebots durch den Bieter eingreifen zu lassen, hat der deutsche Gesetzgeber keinen Gebrauch gemacht.

§ 33b WpÜG besagt, die Satzung einer Zielgesellschaft könne vorsehen, dass § 33b Abs. 2 WpÜG Anwendung findet. Dort ist die Durchbechungsregelung des Art. 11 der Übernahmerichtlinie umgesetzt worden.

In § 33c WpÜG findet sich schließlich der Vorbehalt der Gegenseitigkeit wieder (Artikel 12 Abs. 3 und Abs. 5 der Übernahmerichtlinie).

---

297 *Merkt*, BB 2006, 1285, 1288.

Deutsche Aktiengesellschaften haben damit die Möglichkeit, sich durch eine entsprechende Änderung ihrer Satzung dem Übernahmeregime der Übernahmerichtlinie zu unterwerfen. Ob und in welchem Umfang deutsche Gesellschaften von dieser Möglichkeit Gebrauch machen werden, bleibt abzuwarten.[298] Gemäß § 179 Abs. 2 Satz 1 AktG bedarf es für eine Satzungsänderung grundsätzlich einer Mehrheit, die mindestens drei Viertel des bei der Beschlussfassung vertretenen Grundkapitals erfasst. Da es aber nicht unüblich ist, dieses Mehrheitserfordernis gemäß § 179 Abs. 2 Satz 2 auf die einfache Mehrheit des bei der Beschlussfassung vertretenen Kapitals zu reduzieren, dürften die Mehrheitserfordernisse für solche Satzungsänderungen keine unüberwindbare Hürde darstellen.[299]

Ungünstig ist, dass das Optionsmodell zu zwei Klassen von Aktiengesellschaften führen wird, nämlich einer Klasse von übernahmefreundlichen und einer Klasse von übernahmefeindlichen Unternehmen. Dieser Umstand ist umso bedauerlicher, als er, zumindest, was das Vereitelungsverbot betrifft, ohne allzu große Zugeständnisse hätte vermieden werden können. Denn der Unterschied zwischen § 33 WpÜG und § 33a Abs. 2 WpÜG ist nicht groß.[300] So lassen beispielsweise sowohl § 33 WpÜG als auch § 33a Abs. 2 WpÜG die Suche nach einem White Knight zu. Auch der zeitliche Geltungsbereich der Vereitelungsverbote ist dergleiche. Die beiden Normen unterscheiden sich lediglich insoweit, als § 33 WpÜG nur den Vorstand verpflichtet, während § 33a WpÜG sich sowohl an den Vorstand als auch an den Aufsichtsrat richtet, und als § 33a Abs. 2 WpÜG keine Vorratsbeschlüsse der Hauptversammlung oder Abwehrmaßnahmen mit Zustimmung des Aufsichtsrats zulässt.[301]

c) Die neuen §§ 33a bis 33c WpÜG und No-Shop-Vereinbarungen

Für die Zulässigkeit von No-Shop-Vereinbarungen sind die neuen §§ 33a bis 33c WpÜG nicht von Bedeutung. Der zeitliche Geltungsbereich der §§ 33a bis 33c WpÜG beginnt, wie der des unveränderten § 33 WpÜG, erst mit der Bekanntgabe einer Entscheidung zur Abgabe eines Angebots. No-Shop-Vereinbarungen,

---

298 *Steinmeyer/Häger*, WpÜG, § 33a Rz. 5.

299 Vgl. aber *Schüpen*, BB 2006, 165, 167, der hisichtlich der Durchbrechungsregelung ein Zustimmungerfordernis der durch die Durchbrechungsregelung betroffenen Aktionäre annimmt. Dies ablehnend aber *Seibt/Heiser*, AG 2006, 301, 314 und *Steinmeyer/Häger*, WpÜG, § 33b Rz. 4.

300 *Merkt*, BB 2006, 1285, 1288.

301 Siehe hierzu auch *Diekmann*, NJW 2007, 17; *Merkt*, BB 2006, 1285, 1288; *Meyer*, WM 2006, 1135, 1139; *Seibt/Heiser*, AG 2006, 301, 310; *Steinmeyer/Häger*, WpÜG, § 33a Rz. 2 und 8.

die eben genau zwischen einer zulässigen Präventivmaßnahme und einer nach Bekanntgabe der Entscheidung zur Abgabe eines Angebots erfolgten, grundsätzlich unzulässigen Abwehrmaßnahme einzuordnen sind,[302] werden von ihnen nicht erfasst.

Anders läge es nur, wenn der deutsche Gesetzgeber den Zeitpunkt des Eingreifens des Vereitelungsverbots im Rahmen der Umsetzung der Übernahmerichtlinie auf den Zeitraum vor der Bekanntgabe der Entscheidung zur Abgabe eines Angebots erstreckt hätte. Die Übernahmerichtlinie hatte ihn dazu ermächtigt. In Art. 9 Abs. 2 Unterabsatz 2 der Übernahmerichtlinie heißt es, dass die Mitgliedstaaten das Vereitelungsverbot schon ab einem vor der Bekanntgabe der Entscheidung zur Abgabe eines Angebots gelagerten Zeitpunkt einsetzen lassen können, beispielsweise wenn den Verwaltungsorganen der Zielgesellschaft bekannt wird, dass die Abgabe des Angebots unmittelbar bevorsteht. Eine solche Vorverlagerung des Eingreifens der Neutralitätspflicht hätte der Zulässigkeit einer No-Shop-Vereinbarung unter Umständen entgegenstehen können.[303] Der deutsche Gesetzgeber hat sich aber gegen ein solches früheres Eingreifen des Vereitelungsverbots entschieden. Unter dem Gesichtspunkt einer Kontrolle der Unternehmensführung durch den Markt mag dies zu bedauern sein.

4. Zwischenergebnis

Das WpÜG ist für die Frage der Zulässigkeit von No-Shop-Vereinbarungen unergiebig. Die §§ 33 ff. WpÜG erfassen No-Shop-Vereinbarungen überhaupt nicht, und die Herleitung eines normenkonzipierenden Gleichbehandlungsgrundsatzes aus dem WpÜG ist dogmatisch nicht überzeugend. Trotz ihrer weitreichenden Konsequenzen für das WpÜG und deutsche Unternehmen, insbesondere wegen der neuen Optionsregelung, wirken sich auch die Übernahmerichtlinie und ihre Umsetzung im Übernahmerichtlinie-Umsetzungsgesetz nicht auf die Zulässigkeit von No-Shop-Vereinbarungen aus. Die Antwort auf die Frage der Zulässigkeit von No-Shop-Vereinbarungen ist deshalb andernorts zu suchen.

B. Das Aktiengesetz (AktG)

Für diese Frage könnten sowohl die aktienrechtliche Neutralitätspflicht des Vorstands als auch die §§ 76, 93 AktG von Bedeutung sein.

302 Siehe hierzu oben unter III.A.1.b).
303 Siehe hierzu oben unter III.A.1.b).

1. Die aktienrechtliche Neutralitätspflicht des Vorstands

No-Shop-Vereinbarungen könnten mit der aktienrechtlichen Neutralitätspflicht des Vorstands kollidieren. Es besteht weitgehende Einigkeit darüber, dass es dem Vorstand einer Aktiengesellschaft zumindest grundsätzlich verwehrt ist, auf die Zusammensetzung des Aktionärskreises der Gesellschaft einzuwirken.[304] Hinter dieser Neutralitätspflicht steht die Überlegung, dass eine Einflussnahme des Vorstands auf die Zusammensetzung des Aktionärskreises eine wirksame Kontrolle des Vorstands durch die Aktionäre verhindern würde. Der Vorstand darf sich sein zumindest mittelbares Kontrollgremium nicht aussuchen dürfen.[305] Die Neutralitätspflicht dient also dem Schutz der Aktionäre.

Bedeutung erlangt die Neutralitätspflicht vor allem in der Übernahmesituation. Hier besagt sie zweierlei: Zum einen muss sichergestellt sein, dass nicht der Vorstand aus mehreren Interessenten den ihm genehmen Bieter auswählt, sondern die Aktionäre als Eigentümer der Gesellschaft die Möglichkeit erhalten, selbst über ein bestimmtes Angebot zu entscheiden.[306] Es ist indessen bereits ausgeführt worden, dass No-Shop-Vereinbarungen die Aktionäre der Zielgesellschaft schon ihrer Natur nach nicht der Möglichkeit einer freien Abstimmung über das Angebot berauben können.[307] So wichtig das Kriterium der Entscheidungsfreiheit der Aktionäre für die Zulässigkeit von anderen Abwehrmaßnahmen und anderen Deal Protection Devices, wie etwa einer Break-Up Fee, ist, so wenig Bedeutung hat es deshalb für die Zulässigkeit von No-Shop-Vereinbarungen.[308] Zum anderen besagt die Neutralitätspflicht, dass der Vorstand der Zielgesellschaft den Bietern – mögen sie dem Vorstand genehm sein oder nicht – grundsätzlich neutral gegenüberzustehen hat. Dies bedeutet unter anderem, dass der Vorstand einen bestimmten Bieter im Verhältnis zu anderen Bietern weder bevorzugen noch benachteiligen darf. Hier tritt der Konflikt einer No-Shop-Vereinbarung mit der Neutralitätspflicht zutage. Denn es ist bereits festgestellt

---

304 Vgl. z.B. *Adams*, AG 1990, 243, 245 f.; *Assmann/Bozenhardt*, Übernahmeangebote, S. 1, 113; *Ebenroth/Daum*, DB 1991, 1157, 1158; *Hefermehl/Spindler* in MünchKommAktG, § 76 Rz. 28; *Hopt*, FS Lutter, 2000, S. 1375 f.; *Hopt*, ZHR 161 (1997), 368, 391; *Hopt*, ZGR 1993, 534, 545 f.; *Immenga*, AG 1992, 79, 81; *Krause*, AG 2000, 217, 221 f.; *Kort* in Großkomm AktG, § 76 Rz. 100; *Mertens* in Kölner Kommentar zum AktG, § 76 AktG Rz. 26; *Mülbert*, IStR 1999, 83, 87.

305 Vgl. *Hefermehl/Spindler* in MünchKommAktG, § 76 Rz. 28.

306 Siehe z.B. *Drygala*, ZIP 2001, 1861, 1866; *Maier-Reimer*, ZHR 165 (2001), 258, 261; vgl. auch *Banerjea*, DB 2003, 1489, 1491; *Becker*, ZHR 165 (2001), 280, 283; *Hopt*, FS Lutter, S. 1377; Begr. RegE des WpÜG, BTDrucks. 14/7034, S. 57.

307 Siehe oben unter I.D.; ebenso auch *Banerjea*, DB 2003, 1489, 1492.

308 Vgl. insoweit oben unter I.D.; siehe auch *Banerjea*, DB 2003, 1489, 1491.

worden, dass eine No-Shop-Vereinbarung den Erstbieter gegenüber anderen potentiellen Bietern bevorzugt.[309]

Die Neutralitätspflicht ist aber nicht gänzlich unbestritten. Außerdem lässt ein Großteil ihrer Befürworter Ausnahmen von zum Teil nicht unerheblicher Bedeutung zu. Schließlich stellt sich die Frage, ob eine Neutralitätspflicht, die dem Vorstand eine Bevorzugung eines Bieters unter allen Umständen untersagt, richtig verstanden ist oder ob nicht eine flexiblere Regelung wünschenswert und angebracht wäre. Die Neutralitätspflicht und ihr Verhältnis zu No-Shop-Vereinbarungen sollen deshalb genauer untersucht werden.

a) Die dogmatische Herleitung der Neutralitätspflicht

Die Versuche einer dogmatischen Herleitung der Neutralitätspflicht sind vielfältig. Sie reichen von aktienrechtlichen und kapitalmarktrechtlichen Gleichbehandlungsgrundsätzen[310] über die Funktion des Vorstands als Wahrer fremder Interessen[311] bis hin zu den Treue- und Organpflichten des Vorstands aus den §§ 76, 93 AktG[312]. Im Ergebnis ist die Neutralitätspflicht aber zumindest im Grundsatz weitgehend anerkannt.

b) Organpflicht oder Kompetenzzuweisung?

Interessanter als die dogmatische Begründung ist daher die Frage, ob die Neutralitätspflicht eine Organpflicht des Vorstands im Sinne des § 76 AktG darstellt oder ob sie eine Kompetenzzuweisung an die Aktionäre bedeutet.[313] Letzteres hätte zur Folge, dass dem Vorstand die Zuständigkeit für Entscheidungen, welche die Zusammensetzung des Aktionärskreises berühren, grundsätzlich fehlen würde. Er dürfte eine solche Entscheidung dann nur aufgrund eines Ermächtigungsbeschlusses durch die Hauptversammlung treffen. Richtigerweise ist die Neutralitätspflicht aber als Organpflicht zu verstehen.[314] Es besteht kein Anlass, im

---

309 Siehe oben unter I.D und II.B.1.

310 Vgl. *Ebenroth/Daum*, DB 1991, 1157, 1158.

311 So etwa *Hopt*, ZGR 1993, 534, 547.

312 So etwa *Ebenroth/Daum*, DB 1991, 1157, 1158.

313 Für letzteres z.B. *Ebenroth/Daum*, DB 1991, 1157, 1158; *Hopt*, ZGR 1993, 534, 547.

314 So z.B. *van Aubel*, Vorstandpflichten bei Übernahmeangeboten, S. 155 ff.; *Koch*, Die Neutralitätspflicht des Vorstands einer börsennotierten Aktiengesellschaft bei Abwehrmaßnahmen gegen feindliche Übernahmeangebote, S. 49; *Krause*, AG 2000, 217, 221 f.; *Mertens* in Kölner Kommentar zum Akteingesetz, § 76 Rz. 26; so im Grundsatz auch *Mülbert*, IStR 1999, 83, 88, der allerdings aufgrund der ungeschriebenen „Holzmüllerzuständigkeit" der Hauptversammlung eine Ausnahme ma-

Rahmen der Neutralitätspflicht von der grundsätzlichen Kompetenzzuweisung des § 76 Abs. 1 AktG abzuweichen,[315] in dem es heißt, dass der Vorstand die Gesellschaft unter eigener Verantwortung zu leiten hat. Außerdem spricht § 33 Abs. 1 Satz 2 WpÜG, der dem Vorstand im Falle eines feindlichen Übernahmeangebotes die Suche nach einem White Knight gestattet, für eine Ausgestaltung der Neutralitätspflicht als Organpflicht. Denn andernfalls würde dem Vorstand für die übernahmerechtlich zulässige Suche nach einem White Knight, mit welcher der Vorstand ebenfalls aktiv auf die Zusammensetzung des Aktionärskreises der Gesellschaft einwirkt, aktienrechtlich die Kompetenz fehlen. Dies lässt den Schluss zu, dass zumindest die Verfasser des WpÜG die Neutralitätspflicht als Organpflicht angesehen haben.

Der Umstand, dass der Abschluss einer No-Shop-Vereinbarung die Neutralitätspflicht des Vorstands berührt, begründet deshalb keine Kompetenzzuweisung an die Hauptversammlung. Auch aus den „Holzmüllergrundsätzen“ folgt nichts anderes. In der Holzmüller-Entscheidung[316] hat der BGH festgestellt, dass besonders tiefe Eingriffe in die Mitgliedschaftsrechte der Aktionäre eines Hauptversammlungsbeschlusses bedürften.[317] Der BGH hat damit eine ungeschriebene Hauptversammlungszuständigkeit geschaffen. In der Holzmüller-Entscheidung hat der BGH diese Hauptversammlungszuständigkeit für die Ausgliederung eines Seehafens, der 80% des Vermögens der Aktiengesellschaft ausmachte, in eine Tochtergesellschaft bejaht. Die Holzmüller-Entscheidung ist seitdem fester Bestandteil des Aktienrechts und jüngst in der Gelatine-Entscheidung[318] des BGH bestätigt worden. Weniger klar ist aber, unter welchen Voraussetzungen eine Entscheidung so wesentlich ist, dass sie eines Hauptversammlungsbeschlusses bedarf. Diskutiert wird eine Kompetenzzuweisung an die Hauptversammlung unter anderem für einen Börsengang oder ein Delisting einer Aktiengesellschaft, für die Abgabe eines feindlichen Übernahmeangebots und für die Veräußerung von wesentlichen Beteiligungen oder sonstigen Unternehmensteilen.[319] In der Gelantine-Entscheidung hat der BGH einer extensiven Auslegung und Anwendung der Holzmüllergrundsätze aber einen Riegel vorgeschoben und betont, dass die unge-

---

chen will, wenn das erfolgreiche Angebot zu einer faktischen Abhängigkeit der Gesellschaft im Sinne des § 17 AktG führen würde; vgl. auch *Röh* in Haarmann/Riehmann/Schüppen, WpÜG, § 33, Rz. 55; inzwischen wohl auch *Hopt*, vgl. FS Lutter, S. 1375 ff.; anders allerdings noch *Hopt*, ZGR 1993, 534, 548.

315 Vgl. *Mülbert*, IStR 1999, 83, 88.

316 BGHZ 83, 122.

317 BGHZ 83, 122, 131 f.

318 BGH v. 26.04.2004 – II ZR 155/02.

319 Vgl. *Mülbert* in Aktiengesetz, Großkommentar, § 119, Rz. 30; *Kubis* in MünchKommAktG, § 119 Rz. 61 ff.

schriebene Holzmüllerkompetenz der Hauptversammlung die Ausnahme und auf ganz wenige besonders einschneidende Entscheidungen beschränkt sei.[320] Der Abschluss einer No-Shop-Vereinbarung erfüllt diese Kriterien nicht. Er tangiert zwar die Neutralitätspflicht des Vorstands. Weil es den Aktionären aber unbenommen ist, das Angebot anzunehmen oder auszuschlagen, und weil es Konkurrenzbietern trotz einer No-Shop-Vereinbarung jederzeit möglich ist, die Aktionäre der Zielgesellschaft direkt anzusprechen, sind deren Mitgliedschaftsrechte, wenn überhaupt, nur am Rande berührt. Der Abschluss einer No-Shop-Vereinbarung ist weder mit der Veräußerung oder Übertragung eines wesentlichen Unternehmensbestandteils noch mit einem Börsengang oder einem Delisting vergleichbar. Die Konsequenz einer No-Shop-Vereinbarung, nämlich die Erschwerung der Abgabe von Konkurrenzangeboten, ist nicht so schwerwiegend, als dass ihr Abschluss dem Kompetenzbereich des Vorstands entzogen wäre. Eine No-Shop-Vereinbarung entmachtet die Aktionäre der Zielgesellschaft nicht, sondern beschränkt schlimmstenfalls für einen begrenzten Zeitraum deren Veräußerungsmöglichkeiten. Das reicht für eine Holzmüllerkomptetenz der Hauptversammlung nicht aus. Anders läge es nur, wenn die No-Shop-Vereinbarung die Entscheidung der Aktionäre über das Angebot faktisch vorwegnähme. Dann wäre ein gleichsam vorgezogener Hauptversammlungsbeschluss erforderlich. Eine No-Shop-Vereinbarung bindet die Aktionäre aber gerade nicht.[321] Der Vorstand kann eine No-Shop-Vereinbarung deshalb ohne Mitwirkung der Hauptversammlung abschliessen.

c) Der zeitliche Geltungsbereich der Neutralitätspflicht

Der Vollständigkeit halber sei erwähnt, dass teilweise behauptet wird, die Neutralitätspflicht des Vorstands setze – vergleichbar mit der in § 33 WpÜG getroffenen Regelung – erst mit der Bekanntgabe eines Übernahmeangebotes ein.[322] Diese Auffassung verkennt aber, dass es sich bei der aktienrechtlichen Neutralitätspflicht gerade nicht um eine übernahmerechtliche, sondern um eine verbandsrechtliche Regelung grundsätzlicher Art handelt. Dem Vorstand ist es nicht nur im Zeitpunkt einer drohenden Übernahme verwehrt, auf die Zusammensetzung

---

320 BGH v. 26.04.2004 – II ZR 155/02.

321 Siehe bereits oben unter II.B.1.

322 So z.B. *Koch*, Die Neutralitätspflicht des Vorstands einer börsennotierten Aktiengesellschaft bei Abwehrmaßnahmen gegen feindliche Übernahmeangebote, S. 53; gegen eine allgemeine Gültigkeit der Neutralitätspflicht auch *Drygala*, ZIP 2001, 1861, 1866, der den Vorstand nur in Situationen, in denen der Vorstand typischer Weise ein eigenes Interesse am Ausgang des Geschäfts hat, zur Neutralität verpflichten will.

des Aktionärskreises der Gesellschaft einzuwirken, sondern er ist ständig zur Neutralität verpflichtet.[323] Zwar mögen die Aktionäre einer Zielgesellschaft besonders gefährdet und damit besonders schutzbedürftig sein. Ein Bedürfnis für die durch die Neutralitätspflicht bezweckte wirksame und funktionsfähige Kontrolle des Vorstands durch die Aktionäre in der Hauptversammlung besteht aber auch außerhalb einer Übernahmesituation. Es besteht kein Grund, den durch die Neutralitätspflicht bezweckten und begründeten Schutz der Aktionäre auf die Übernahmesituation zu beschränken.

d) Die Ausgestaltung der Neutralitätspflicht

Es ist bereits angesprochen worden, dass die Neutralitätspflicht nicht unbestritten ist und dass sich unter den Befürwortern der Neutralitätspflicht verschiedene Strömungen herausgebildet haben. Auf der einen Seite stehen die Puristen, die eine Einflussnahme des Vorstands auf den Aktionärskreis der Gesellschaft generell verbieten wollen. Auf der anderen Seite findet man diejenigen Stimmen, welche die Neutralitätspflicht gänzlich ablehnen. Dazwischen liegen diejenigen Auffassungen, die das Bedürfnis nach einer Neutralitätspflicht zwar grundsätzlich anerkennen, aber verschieden weit reichende Ausnahmetatbestände entwickelt haben.

aa) Die strenge Neutralitätspflicht

Zu den Puristen der Neutralitätspflicht gehören vor allem *Adams* sowie *Assmann* und *Bozenhardt*. Sie halten eine Einflussnahme des Vorstands auf die Zusammensetzung des Aktionärskreises für generell unzulässig und sehen auch kein Bedürfnis für Ausnahmen von diesem Grundsatz.[324] Den Vertretern vermittelnder Auffassungen halten sie entgegen, dass die Schaffung von Ausnahmetatbeständen von der verbandsrechtlichen Neutralitätspflicht kein geeignetes Mittel sei, um die aus einer veränderten Aktionärsstruktur herrührenden Gefahren und Schäden von der Gesellschaft abzuwenden. Den etwa von *Mertens* angeführten Gefahren, die dem Unternehmen durch die Mitgliedschaft beispielsweise einer Mafiaorganisation oder eines politisch exponierten Staates drohen,[325] sei durch öffentlich-

---

323 *Hirte* in Kölner Kommentar WpÜG, § 33 Rz. 27; *Immenga*, AG 1992, 79, 81; *Mertens* in Kölner Kommentar AktG, § 76 Rz. 26; *Mülbert*, IStR 1999, 83, 87.

324 *Adams*, AG 1990, 243, 246; *Assmann/Bozenhardt*, Übernahmeangebote, S. 1, 114; ebenso auch *Zech*, Verhaltenspflichten des Vorstands der Zielgesellschaft in Bezug auf Abwehrmaßnahmen nach dem Wertpapier- und Übernahmegesetz (WpÜG), S. 121.

325 *Mertens* in Kölner Kommentar AktG, § 76 Rz. 26.

rechtliche Vorschriften zu begegnen.[326] Dem Vorstand hingegen fehlten für eine solche Kontrollfunktion bereits die erforderlichen Ermittlungsmöglichkeiten.[327] Außerdem berge die Zulassung von Ausnahmen mehr Gefahren in sich, als sie Nutzen bringe.[328] Die Schaffung von Ausnahmen begründe nämlich notwendig die Gefahr des Missbrauchs durch den Vorstand zur Sicherung der eigenen Position.[329]

bb) Vermittelnde Ansichten

Die Vertreter vermittelnder Ansichten erkennen die Neutralitätspflicht grundsätzlich an, lassen aber unter bestimmten Voraussetzungen Ausnahmen zu. Sie gestatten dem Vorstand unter diesen Voraussetzungen beispielsweise, durch das Ergreifen von Abwehrmaßnahmen in einer Übernahmesituation auf den Aktionärskreis einzuwirken. *Mertens* etwa will dem Vorstand gestatten, eine Übernahme abzuwehren, wenn der Bieter eine kriminelle Organisation oder ein exponierter ausländischer Staat ist, deren Beteiligung an der Gesellschaft sich wesentlich negativ auf die Marktstellung des Unternehmens und seine Wahrnehmung durch die Kunden auswirken würde.[330] *Mertens'* Vorschlag ist in der Literatur auf positive Resonanz gestoßen. Im Grundsatz haben sich ihm zum Beispiel *Hopt* und *Spindler* angeschlossen, die ebenfalls Abwehrmaßnahmen für zulässig erachten, soweit dies zur Vermeidung von Straftaten erforderlich ist oder das Unternehmensinteresse eine Intervention des Vorstands zwingend erfordert.[331] Eine andere Ausnahme von der Neutralitätspflicht machen *Ebenroth* und *Daum*. Sie wollen dem Vorstand die Ergreifung von Abwehrmaßnehmen zugestehen, soweit dies zur Herstellung der Waffengleichheit mit einem ausländischen Bieter, der seinerseits einem Gegenangriff der Zielgesellschaft mit Abwehrmaßnahmen entgegentreten kann, erforderlich ist.[332]

---

326 *Adams*, AG 1990, 243, 246.

327 *Adams*, AG 1990, 243, 246; so in ihrer Kritik an *Mertens* auch *Ebenroth/Daum*, DB 1157, 1160.

328 *Zech*, Verhaltenspflichten des Vorstands der Zielgesellschaft in Bezug auf Abwehrmaßnahmen nach dem Wertpapier- und Übernahmegesetz (WpÜG), S. 121.

329 *Adams*, AG 1990, 243, 246; *Zech*, Verhaltenspflichten des Vorstands der Zielgesellschaft in Bezug auf Abwehrmaßnahmen nach dem Wertpapier- und Übernahmegesetz (WpÜG), S. 121.

330 *Mertens* in Kölner Kommentar AktG, § 76 Rz. 26.

331 *Hopt*, ZGR 1993, 534, 558; zögerlicher allerdings inzwischen *Hopt*, FS Lutter, S. 1377; *Hefermehl/Spindler* in MünchKommAktG, §76, Rz. 28.

332 *Ebenroth/Daum*, DB 1991, 1157, 1160.

cc) Die Neutralitätspflicht ablehnende Stimmen

Vor allem *Kirchner* und *Martens* lehnen eine Neutralitätspflicht des Vorstands grundsätzlich ab.[333] Beide begründen ihre ablehnende Haltung damit, dass die Aktionärsstruktur das Unternehmensinteresse tangiere und der Vorstand in erster Linie dem Unternehmensinteresse verpflichtet sei. *Kirchner* spricht dabei offen aus, dass es ihm vor allem um die Interessen der Stakeholder geht. Deren Interessen seien grundsätzlich und somit beispielsweise auch im Rahmen einer freundlichen Übernahme vom Vorstand zu berücksichtigen.[334] Würde man dem Vorstand aber im Falle einer feindlichen Übernahme eine Neutralitätspflicht auferlegen, so bedeute dies eine Diskriminierung der Stakeholder-Interessen gegenüber den Interessen der Shareholder, die nicht gerechtfertigt sei.[335] Auch *Martens* erklärt, dass es keine strikte Pflicht des Vorstands zur Optimierung des Shareholder Value gebe und dass durchaus auch andere Interessen in die Überlegungen des Vorstands einzufließen hätten.[336] Letztlich stützt er seine Kritik an der Neutralitätspflicht aber weniger auf die Vernachlässigung der Interessen der Stakeholder als darauf, dass es zu viele Situationen gebe, in denen das Unternehmensinteresse eine gezielte Einflussnahme auf den Aktionärskreis erfordere.[337]

e) Die Neutralitätspflicht und No-Shop-Vereinbarungen

No-Shop-Vereinbarungen sind mit der Neutralitätspflicht des Vorstandes vereinbar.

aa) Im Grundsatz haben die Befürworter der Neutralitätspflicht des Vorstands zwar Recht. Als Anteilseigner üben die Aktionäre in der Hauptversammlung Kontrollrechte aus. Es kann deshalb nicht angehen, dass der Vorstand auf die Zusammensetzung dieses – in gewisser Weise letztinstanzlichen – Kontrollorgans Einfluss nimmt. Würde man dem Vorstand gestatten, auf die Zusammensetzung des Aktionärskreises einzuwirken, so liefe dies letztlich auf eine Selbstkontrolle des Vorstands hinaus, die den gesamten Kontrollmechanismus des Aktiengesetzes aus den Angeln heben würde. Nicht genug betont werden kann aber, dass die Neutralitätspflicht dem Schutz der Aktionäre dient. Den Anteilseignern soll eine wirksame Kontrolle der Verwaltung erhalten bleiben. Insofern ist *Kirchner* beizupflichten, wenn er feststellt, dass die Neutralitätspflicht einseitig die Interessen

---

333 *Kirchner*, AG 1999, 481, 491; *Martens*, FS Beusch, 529, 546; im Ergebnis ebenfalls ablehnend *Hüffer*, AktG, § 76 Rz. 15d.

334 *Kirchner*, AG 1999, 481, 486.

335 *Kirchner*, AG 1999, 481, 486 f.

336 *Martens*, FS Beusch, 529, 544.

337 *Martens*, FS Beusch, 529, 546 ff.

der Anteilseigner schützt. Verfechter einer am Stakeholder Value orientierten Unternehmensphilosophie können deshalb zu Recht einwenden, dass die Neutralitätspflicht dem Vorstand insbesondere im Übernahmekampf die Möglichkeit einer ausreichenden Berücksichtigung von Arbeitnehmer-, Lieferanten- und Gläubigerinteressen nimmt.

bb) Erkennt man die Neutralitätspflicht aber mit der ganz herrschenden Meinung an, so stellt sich die Frage, ob sie, da sie dem Schutz der Aktionäre dient, nicht dann Einschränkungen erfahren muss, wenn die Interessen der Anteilseigner dies im Hinblick auf den Shareholder Value gebieten. Anders formuliert lautet die Frage, ob die von den Vertretern vermittelnder Ansichten begründeten Ausnahmetatbestände nicht dahingehend zu erweitern sind, dass die Neutralitätspflicht auch dann zurücktreten muss, wenn dies zur Maximierung des Aktionärsvermögens erforderlich ist. Diese Frage muss bejaht werden.[338] Die – ihrem Sinn und Zweck nach die Anteilseigner schützende – Neutralitätspflicht darf sich nicht zu Lasten der Anteilseigner auswirken. Ein so striktes Verständnis der Neutralitätspflicht wäre falsch. Schließlich ist die Neutralitätspflicht kein Selbstzweck und ist es die vornehmste Aufgabe des Vorstands, die Vermögensinteressen der Anteilseigner wahrzunehmen.

Auch ist festzustellen, dass selbst die Vertreter der strengen Neutralitätspflicht ihren Ansatz nicht mit letzter Konsequenz durchhalten. So erkennen sie mit dem übrigen Schrifttum an, dass der Vorstand einer Aktiengesellschaft im Übernahmefall nicht nur nach § 27 WpÜG, sondern auch aktienrechtlich verpflichtet ist, eine Stellungnahme zu dem Angebot abzugeben.[339] Auch bestätigt § 33 Abs. 1 Satz 2 WpÜG, dass der Vorstand in der Übernahmesituation berechtigt ist, einen White Knight zu suchen. Über die von den Vertretern vermittelnder Meinungen aufgeführten Durchbrechungen der Neutralitätspflicht hinaus sind also weitere Ausnahmen allgemein anerkannt. Es spricht nichts dagegen, diesen Kreis von Ausnahmen um die Durchbrechung der Neutralitätspflicht zur Maximierung des Shareholder Value zu erweitern. Im Auge zu behalten ist bei der Begründung dieser Ausnahme allerdings immer die Gefahr eines Missbrauchs durch den Vorstand. Es gehört nicht viel Phantasie dazu, sich einen Vorstand vorzustellen, der gerade in der Übernahmesituation unter dem Vorwand, dass die Aktionärsinteressen eine Durchbrechung der Neutralitätspflicht erfordern, seine persönliche Position ausbaut, sichert oder sich sonstige Vorteile verschafft, indem er einen bestimmten Bieter anderen vorzieht. Diese Gefahr kann aber nicht

---

338 Ganz ähnlich auch *Banerjea*, DB 2003, 1489, 1490 f., der eine Einflussnahme des Vorstands auf den Aktionärskreis für geboten hält, wenn sie dem Gesellschaftsinteresse, das maßgeblich durch die Interessen der derzeitigen Aktionäre der Gesellschaft definiert wird, nutzt.

339 *Assmann/Bozenhardt* in Übernahmeangebote, S. 1, 114.

zu einer grundsätzlichen Ablehnung der hier vorgeschlagenen Ausnahme von der Neutralitätspflicht führen.

Es ist bereits festgestellt worden, dass eine No-Shop-Vereinbarung die Neutralitätspflicht des Vorstands berührt. Unabhängig davon, ob der Vorstand sich lediglich im Rahmen einer einfachen No-Shop-Vereinbarung dazu verpflichtet, nicht aktiv auf die Abgabe weiterer Angebote hinzuwirken, oder ob er sich in einer No-Talk-Vereinbarung gar verpflichtet, mit anderen potentiellen Käufern nicht zu verhandeln und diesen keine Informationen zur Verfügung zu stellen, privilegiert der Vorstand der Zielgesellschaft den Erstbieter und verbessert er die Erfolgsaussichten von dessen Angebot.[340] Der Vorstand der Zielgesellschaft, der einer No-Shop-Vereinbarung zustimmt, wirkt damit aktiv auf die zukünftige Mitgliedschaft des Erstbieters in der Zielgesellschaft hin. Dennoch kann der Abschluss einer No-Shop-Vereinbarung unter Umständen aufgrund des hier vorgeschlagenen Ausnahmetatbestandes von der Neutralitätspflicht gerechtfertigt sein. Das wäre der Fall, wenn die No-Shop-Vereinbarung zur Optimierung des Shareholder Value der Zielgesellschaft geeignet und erforderlich wäre. Dass solche Konstellationen möglich sind, wird nicht nur durch die eingangs angestellten abstrakten Überlegungen belegt, wie zum Beispiel die Möglichkeit des Einsatzes einer No-Shop-Vereinbarung als Verhandlungsinstrument, das als Gegenleistung für eine Nachbesserung des ursprünglich angebotenen Kaufpreises oder vergleichbar einschneidende Zugeständnisse des Erstbieters eingesetzt werden kann,[341] sondern auch durch entsprechende Fälle aus der Praxis wie zum Beispiel *Barkan v. Amsted Indutries*[342] oder *Rand v. Western Airlines*[343]. Unter Umständen kann die Wahrung der Vermögensinteressen der Aktionäre der Zielgesellschaft also den Abschluss von No-Shop-Vereinbarungen gebieten.

Es wird allerdings auch vertreten, dass zumindest No-Talk-Vereinbarungen aktienrechtlich stets unzulässig seien.[344] Begründet wird diese Ansicht damit,

---

340 Siehe oben unter I.D und II.B.1.

341 Siehe oben unter I.C.

342 Siehe oben unter II.B.2.

343 Siehe oben unter II.B.2.

344 So etwa *Spindler/Hefermehl*, MünchKommAktG, § 76 Rz. 30; Gegen die Zulässigkeit von No-Talk-Vereinbarungen auch *Fleischer*, ZIP 2002, 651, 655, der ihre Unzulässigkeit allerdings aus dem von ihm angenommenen übernahmerechtlichen Gleichbehandlungsgrundsatz ableitet. Siehe hierzu oben unter II.A.2. Gegen die Zulässigkeit einer „No-Shop-Klausel" auch *Oechsler* in Ehricke/Ekkenga/Oechsler, WpÜG, § 22 Rz. 13, der jedoch von einem anderen Verständnis einer „No-Shop-Klausel" ausgeht. Oechsler definiert eine „No-Shop-Klausel" als eine Vereinbarung, die den Aktionären entgegen § 22 Abs. 3 WpÜG ein Übergehen zum konkurrierenden Bieter inklusive Rücktritt ausdrücklich untersagt (*Oechsler* in Ehricke/

dass sich der Vorstand bei Abschluss einer No-Talk-Vereinbarung dazu verpflichte, unter Umständen dem Unternehmensinteresse zuwiderzuhandeln.[345] Diese Auffassung verkennt aber, dass jeder schuldrechtliche Vertrag allein durch seine Bindungswirkung für die – unbekannte – Zukunft eine solche Verpflichtung beinhaltet. Wie bei jedem schuldrechtlichen Vertrag kann es deshalb bei der Beurteilung einer No-Talk-Vereinbarung nicht auf die Entwicklung der Dinge nach Abschluss des Vertrages ankommen, sondern muss maßgeblicher Zeitpunkt für die Beurteilung der Abschluss der Vereinbarung sein. Entsprach die Vereinbarung zu diesem Zeitpunkt den Vermögensinteressen der Aktionäre und damit zumindest einem legitimen Unternehmensinteresse – etwa weil der Vorstand das No-Talk-Zugeständnis als Austauschleistung für einen höheren Kaufpreis gemacht hat, von dem er berechtigterweise annehmen durfte, dass er vom Markt nicht überboten werden würde –, so lag die No-Talk-Vereinbarung zum Zeitpunkt ihres Abschlusses auch dann im Unternehmensinteresse, falls sich später herausstellt, dass sie Verhandlungen mit unerwartet aufgetretenen weiteren Bietern, die noch bessere Angebote unterbreiten würden, im Wege steht. Insoweit unterscheidet sich die Beurteilung einer No-Talk-Vereinbarung nicht von der Beurteilung sonstiger schuldrechtlicher Verträge. War der Vorstand beispielsweise beim Kauf von Rohstoffen informiert und durfte er bei Abschluss des Vertrages von einem vorteilhaften Geschäft für die Gesellschaft ausgehen, so wird man ihm einen Preissturz am Rohstoffmarkt nach Abschluss des Kaufvertrages nicht vorwerfen können. Der Eingang der Verpflichtung zur Abnahme und Bezahlung der Rohstoffe widersprach nicht deshalb dem Unternehmensinteresse, weil die Verpflichtung sich unter Umständen als unlukrativ herausstellen würde. Vielmehr birgt jedes schuldrechtliche Versprechen die Gefahr in sich, dass seine Einlösung zu einem späteren Zeitpunkt nicht mehr im Unternehmensinteresse liegt. Das bedeutet aber nicht, dass die Abgabe des Versprechens seinerzeit dem Unternehmensinteresse widersprach. Die auf das Unternehmensinteresse bezogene mögliche Divergenz zwischen Vertragsabschluss und Vertragserfüllung liegt vielmehr in der Natur eines auf die Zukunft gerichteten Vertrages. Solche Verträge sind deshalb aber nicht unzulässig. Auch eine No-Talk-Vereinbarung ist aus diesem Grunde nicht von vornherein aktienrechtlich unzulässig.[346]

Ekkenga/Oechsler, WpÜG, § 22 Rz. 13). Für die grundsätzliche Zulässigkeit auch von No-Talk-Vereinbarungen hingegen *Banerjea*, DB 2003, 1489, 1494.

345 *Spindler/Hefermehl*, MünchKommAktG, § 76 Rz. 30.

346 So im Ergebnis auch *Banerjea*, DB 2003, 1489, 1494.

2. *§§ 76, 93 AktG und die Business Judgment Rule*

Die Feststellung, dass No-Shop-Vereinbarungen nicht per se aktienrechtlich unzulässig sind, leitet zu der Frage über, unter welchen konkreten Umständen eine No-Shop-Vereinbarung nach dem deutschen Aktienrecht gerechtfertigt ist und an welchem Maßstab die Entscheidung des Vorstands der Zielgesellschaft zum Abschluss einer No-Shop-Vereinbarung zu messen ist. Insbesondere soll untersucht werden, ob die im amerikanischen Recht entwickelten Grundsätze auf das deutsche Recht übertragen werden können und ob eine solche Anlehnung an das amerikanische Recht geboten und wünschenswert ist.

a) §§ 76, 93 AktG

Ausgangspunkt dieser Überlegungen sind die in den §§ 76, 93 AktG festgelegten und aus diesen Normen hergeleiteten allgemeinen Befugnisse und Pflichten des Vorstands. In § 76 Abs. 1 AktG heißt es, dass der Vorstand die Gesellschaft unter eigener Verantwortung zu leiten hat. Diese Regelung enthält eine Kompetenzzuweisung. In die Zuständigkeit des Vorstands fallen die Unternehmensplanung, -koordination und -kontrolle sowie die Besetzung der ihm unmittelbar nachgeordneten Führungsstellen.[347] Bei der Wahrnehmung seiner Aufgaben ist der Vorstand weisungsfrei.[348] Aus der Pflicht des Vorstands zur selbstständigen und weisungsfreien Leitung des Unternehmens in eigener Verantwortung folgt, dass ihm ein unternehmerisches Ermessen zugestanden werden muss.[349] Bieten sich dem Vorstand verschiedene Möglichkeiten unternehmerischen Handelns, so ist er grundsätzlich berechtigt, unter diesen nach freiem Ermessen zu wählen.[350] Eingegrenzt wird das unternehmerische Ermessen nur durch die Gesetze, die Satzung der Gesellschaft und die allgemeinen Treuepflichten.[351]

b) Die ARAG/Garmenbeck-Entscheidung des BGH

Trotz diesen schon seit langem anerkannten Grundsätzen sind die Ausgestaltung des unternehmerischen Ermessens und die sich daran anknüpfende Haftung des

347 *Hefermehl/Spindler*, MünchKommAktG, § 76 Rz. 16; *Hüffer*, AktG, § 76 Rz. 8; *Mertens* in Kölner Kommentar AktG, § 76 Rz. 4.

348 *Hefermehl/Spindler*, MünchKomm AktG, § 76 Rz. 21; *Hüffer*, AktG, § 76 Rz. 10; *Mertens* in Kölner Kommentar AktG, § 76 Rz. 42.

349 Vgl. *Hefermehl/Spindler*, MünchKomm AktG, § 76 Rz. 25; *Mertens* in Kölner Kommentar AktG § 76 Rz. 10.

350 *Hefermehl/Spindler*, MünchKommAktG, § 76 Rz. 25.

351 Vgl. *Mertens* in Kölner Kommentar AktG, § 76 Rz. 10.

Vorstands erst in jüngerer Zeit konkretisiert worden. Von besonderer Bedeutung war insbesondere die ARAG/Garmenbeck-Entscheidung des BGH aus dem Jahre 1997.[352] In dieser Entscheidung führte der BGH erstmals aus, dass „dem Vorstand bei der Leitung der Geschäfte des Gesellschaftsunternehmens eine weiter Handlungsspielraum zugebilligt werden muss, ohne den ein eine unternehmerische Tätigkeit schlechterdings nicht denkbar ist".[353] Weiter stellte der BGH fest, dass eine Schadensersatzpflicht des Vorstands erst dann in Betracht kommt, „wenn die Grenzen, in denen sich ein von Verantwortungsbewusstsein getragenes, ausschließlich am Unternehmenswohl orientiertes, auf sorgfältiger Ermittlung der Entscheidungsgrundlage beruhendes unternehmerisches Handeln bewegen muß, deutlich überschritten sind, die Bereitschaft, unternehmerische Risiken einzugehen, in unverantwortlicher Weise überspannt worden ist oder das Verhalten des Vorstands aus anderen Gründen als pflichtwidrig gelten muß".[354] Die ARAG/Garmenbeck-Entscheidung wird vielfach als Einzug der Business Judgment Rule in das deutsche Gesellschaftsrecht gewertet.[355] Sowohl die ARAG/ Garmenbeck-Entscheidung als auch die Übernahme der Business Judgment Rule in das deutsche Gesellschaftsrecht haben im Schrifttum durchgehend Unterstützung gefunden.[356] Dabei berufen sich die Befürworter der Business Judgment Rule auf die gleichen Argumente, welche die amerikanische Rechtsprechung zu ihrer Entwicklung bewogen haben.[357] So wird dargelegt, dass unternehmerisches Handeln nun einmal aufgrund der Natur der Tätigkeit risikobehaftet sei,[358] dass zu ängstliche und risikoscheue Vorstände weder gesamtwirtschaftlich wünschenswert seien noch der Interessenlage eines rational investierenden Aktionärs entsprächen[359] und dass Vorstände deshalb vor den Gefahren einer erfolgs- oder misserfolgsgeprägten ex-post-Beurteilung ihrer unternehmerischen Entscheidungen durch die Gerichte geschützt werden müssten[360].

---

352 BGHZ 135, 244 ff.

353 BGHZ 135, 244, 253.

354 BGHZ 135, 244, 253 f.

355 Vgl. *Hirte*, ZGR 2002, 623, 635; *Horn*, ZIP 1997, 1129, 1134; *Kindler*, ZHR 162 (1998), 101, 107; *Ulmer*, ZHR 163 (1999), 290, 297 f.; *Ulmer*, DB 2004, 859.

356 Vgl. beispielsweise *Kindler*, ZHR 162 (1998), 101, 107; *Ulmer*, ZHR 163 (1999), 290, 300.

357 Siehe insoweit oben unter II.A.1.

358 *Fleischer*, ZIP 2004, 685; *Fleischer*, FS Wiedemann, S. 830; *Ulmer*, DB 2004, 859, 860.

359 *Fleischer*, ZIP 2004, 685, 686; *Fleischer*, FS Wiedemann, S. 830; *Paefgen*, AG 2004, 245, 247.

360 *Fleischer*, ZIP 2004, 685, 686; *Fleischer*, FS Wiedamann, S. 832; vgl. auch *Ulmer*, DB 2004, 859, 860.

c) Die Kodifizierung der Business Judgment Rule

In den auf die ARAG/Garmenbeck-Entscheidung folgenden Jahren erfuhr die Business Judgment Rule so viel Zuspruch, dass wiederholt ihre Kodifizierung gefordert wurde.[361] Der Gesetzgeber ist dieser Forderung in dem am 01.11.2005 in Kraft getretenen Gesetz zur Unternehmensintegrität und Modernisierung des Anfechtungsrechts (UMAG) nachgekommen. Durch das UMAG ist hinter § 93 Abs. 1 Satz 1 AktG der folgende Satz 2 eingefügt worden: „Eine Pflichtverletzung liegt nicht vor, wenn das Vorstandsmitglied bei einer unternehmerischen Entscheidung vernünftigerweise annehmen durfte, auf der Grundlage angemessener Informationen zum Wohle der Gesellschaft zu handeln." Laut Begründung des Referentenentwurfs und der Regierungsentwürfe des UMAG[362] beinhaltet diese Formel die folgenden Voraussetzungen für das durch die Business Judgment Rule begründete Haftungsprivileg: (a) das Vorliegen einer unternehmerischen Entscheidung, (b) ein Handeln zum Wohle der Gesellschaft, (c) unbeeinflusst von Interessenkonflikten, Fremdeinflüssen und ohne unmittelbaren Eigennutz, (d) auf der Grundlage angemessener Informationen und (e) in gutem Glauben.[363]

aa) Die Tatbestandsmerkmale der Business Judgment Rule

(1) Unternehmerische Entscheidung

Eine unternehmerische Entscheidung setzt einen Ermessensspielraum des Vorstands voraus.[364] Von dem Haftungsprivileg der Business Judgment Rule von vornherein ausgeschlossen sind damit Verstöße gegen das Gesetz, die Satzung, Hauptversammlungsbeschlüsse oder die Treuepflicht.[365] Prägendes Merkmal ei-

---

361 Vgl. z.B. *Ulmer*, ZHR 163 (1999), 290, 299; Verhandlungen des 63. Deutschen Juristentages, 2000, Band II/1 O 79; *Baums*, Bericht der Regierungskommission Corporate Governance, 2001, Rz. 70.

362 Referentenentwurf vom 28.01.2004, Regierungsentwurf vom 17.11.2004 und Regierungsentwurf vom 14.03.2005.

363 Begr. RefE des UMAG vom 28.01.2004, S. 17 ff.; Begr. RegE des UMAG vom 17.11.2004 S. 22; Begr. RegE vom 14.03.2005 S. 11; siehe auch *Fleischer*, ZIP, 2004, 685, 690 f; *Hüffer*, AktG, § 93 Rz. 4f f.

364 Begr. RefE des UMAG vom 28.01.2004, S. 18; *Lutter*, ZIP 2007,841, 843; *Hüffer*, AktG, § 93 Rz. 4f.

365 Begr. RefE des UMAG vom 28.01.2004, S. 18; *Fleischer*, ZIP 2004, 685, 690; *Hüffer*, AktG, § 93 Rz. 4f; *Roth*, BB 2004, 1066, 1068.

ner unternehmerischen Entscheidung ist deren Zukunftsbezogenheit, die dem Vorstand eine Prognose und Einschätzung abverlangt.[366]

(2) Handeln zum Wohle der Gesellschaft

Der Vorstand muss vernünftigerweise[367] annehmen dürfen, zum Wohle der Gesellschaft zu handeln.[368] Nach der Gesetzesbegründung ist das Tatbestandsmerkmal „Handeln zum Wohle der Gesellschaft" damit ein subjektives Tatbestandmerkmal, das aber durch das weitere Tatbestandsmerkmal des vernünftigerweise Annehmendürfens „objektiviert" wird.[369] Es liegt jedenfalls dann vor, wenn das Handeln der langfristigen Ertragsstärkung und Wettbewerbsfähigkeit des Unternehmens und seiner Produkte oder Dienstleistungen dient.[370] Nicht erfüllt ist es hingegen, wenn die Chancen und Risiken der Entscheidung in völlig unverantwortlicher Weise falsch eingeschätzt werden.[371]

(3) Unbeeinflusst von Interessenkonflikten, Fremdeinflüssen und ohne unmittelbaren Eigennutz

Das Haftungsprivileg der Business Judgment Rule setzt einen unabhängigen und unbefangenen Vorstand voraus.[372] Sein einziger Entscheidungsmaßstab muss das Unternehmensinteresse gewesen sein.[373] Legitim ist aber ein Handeln zum eigenen Vorteil, wenn dieser sich lediglich mittelbar aus dem Unternehmensvorteil ableitet.[374] Laut der Begründung des Referentenentwurfs bedarf das Tatbestandsmerkmal der Freiheit von sachfremden Einflüssen und Sonderinteressen keiner gesonderten Erwähnung im Gesetzestext, weil es im Tatbestandsmerkmal

---

366 Begr. RefE des UMAG vom 28.01.2004, S. 18; vgl. auch *Hüffer*, AktG, § 93 Rz. 4f; *Kock/Dinkel*, NGZ 2004, 441, 443.

367 Die Regierungsentwürfe haben nicht das Tatbestandsmerkmal „ohne grobe Fahrlässigkeit" übernommen, sondern es durch das Merkmal „vernünftigerweise" ersetzt. Gegen das Tatbestandsmerkmal „ohne grobe Fahrlässigkeit" war geltend gemacht worden, dass es eine Vermengung von Plichten- und Sorgfaltsmaßstab bedeute. Begr. RegE des UMAG vom 17.11.2004 S. 22; Begr. RegE vom 14.03.2005 S. 11.

368 Begr. RegE des UMAG vom 17.11.2004 S. 22; Begr. RegE vom 14.03.2005 S. 11.

369 Begr. RegE des UMAG vom 17.11.2004 S. 22; Begr. RegE vom 14.03.2005 S. 11.

370 Begr. RefE des UMAG vom 28.01.2004, S. 18; Begr. RegE des UMAG vom 17.11.2004 S. 22; Begr. RegE vom 14.03.2005 S. 11.

371 Begr. RefE des UMAG vom 28.01.2004, S. 18.

372 Begr. RefE des UMAG vom 28.01.2004, S. 18; Begr. RegE des UMAG vom 17.11.2004 S. 23; Begr. RegE vom 14.03.2005 S. 11.

373 Begr. RefE des UMAG vom 28.01.2004, S. 18.

374 Begr. RefE des UMAG, S. 18; Begr. RegE des UMAG vom 17.11.2004 S. 23; Begr. RegE vom 14.03.2005 S. 11.

„zum Wohle der Gesellschaft" enthalten sei.[375] Nur derjenige, der frei von solchen Einflüssen sei, dürfe annehmen, zum Wohle der Gesellschaft zu handeln.[376]

(4) Auf der Grundlage angemessener Informationen

Bevor der Vorstand eine Entscheidung trifft, muss er sich angemessen informieren. Mit dem Kriterium der Angemessenheit der Informationsgrundlage wird die Tatsache berücksichtigt, dass bei Entscheidungen, die unter hohem Zeitdruck zu treffen sind, eine umfassende Vorbereitung der Entscheidung schwierig oder gar unmöglich sein kann.[377] Auch ist dem Vorstand in den Grenzen seiner Sorgfaltspflicht ein erheblicher Spielraum hinsichtlich des Informationsbedarfs und der Würdigung der Informationen zuzugestehen.[378] Maßgeblich ist, dass der Vorstand seine Entscheidung auf der Basis von bei vernünftiger Betrachtungsweise als angemessen zu erachteden Informationen und nach deren freier Würdigung trifft.[379]

(5) In gutem Glauben

Schließlich muss der Vorstand in gutem Glauben, das heißt im Glauben an die Richtigkeit seiner Entscheidung,[380] gehandelt haben. Dieses Tatbestandsmerkmal findet sich nicht im Wortlaut des neu eingefügten § 93 Abs. 1 Satz 2 AktG.[381] Ihm kommt aber auch kaum mehr als deklaratorische Wirkung zu. Denn in aller Regel wird es bereits in den Tatbestandsmerkmalen „zum Wohle der Gesell-

---

375 Begr. RefE des UMAG vom 28.01.2004, S. 18; Begr. RegE des UMAG vom 17.11.2004 S. 23; Begr. RegE vom 14.03.2005 S. 11; zustimmend *Thümmel*, DB 2004, 471, 471.

376 Begr. RefE des UMAG vom 28.01.2004, S. 18; Begr. RegE des UMAG vom 17.11.2004 S. 23; Begr. RegE vom 14.03.2005 S. 11; zustimmend *Thümmel*, DB 2004, 471, 472.

377 Begr. RefE des UMAG vom 28.01.2004, S. 19; Begr. RegE des UMAG vom 17.11.2004 S. 24; Begr. RegE vom 14.03.2005 S. 12.

378 Begr. RefE des UMAG vom 28.01.2004, S. 19; Begr. RegE des UMAG vom 17.11.2004 S. 24; Begr. RegE vom 14.03.2005 S. 12.

379 Begr. RefE des UMAG vom 28.01.2004, S. 19; Begr. RegE des UMAG vom 17.11.2004 S. 24; Begr. RegE vom 14.03.2005 S. 12; so im Ergebnis auch *Hüffer*, AktG, § 93 Rz. 4g; gegen eine Beschränkung der Haftung bei der Informationsbeschaffung *Fleischer*, ZIP 2004, 685, 689 und *Ulmer*, DB 2004, 859, 862 f.; skeptisch insoweit auch *Wilsing*, ZIP 2004, 1082, 1089.

380 *Fleischer*, ZIP 2004, 695, 691; Begr. RegE des UMAG vom 17.11.2004 S. 22; Begr. RegE vom 14.03.2005 S. 11.

381 Laut der; Begr. RegE vom 14.03.2005 sei diese Merkmal im „annehmen Dürfen" enthalten; siehe Begr. RegE vom 14.03.2005 S. 11.

schaft“ und „unbeeinflusst von Interessenkonflikten, Fremdeinflüssen und ohne unmittelbaren Eigennutz“ aufgehen.[382] Gleichwohl ist es ein Versäumnis des Gesetzgebers, dass er das Tatbestandsmerkmal „in gutem Glauben“, genau wie das Tatbestandsmerkmal „unbeeinflusst von Interessenkonflikten, Fremdeinflüssen und ohne unmittelbaren Eigennutz“, nicht in den Gesetzestext aufgenommen hat. Denn es wäre dem Verständnis der Norm dienlich, wenn sich deren Tatbestandmerkmale – und seien es auch nur deklaratorische – aus ihrem Wortlaut entnehmen ließen.

bb) Die gemischt subjektiv-objektive Fassung der Business Judgment Rule

Materiell-rechtlich entspricht die deutsche Fassung der Business Judgment Rule damit weitgehend ihrem amerikanischen Vorbild.[383] Anders als bei diesem und abweichend von den in der ARAG/Garmenbeck-Entscheidung entwickelten Grundsätzen kommt es aber nicht darauf an, ob der Vorstand objektiv seine Sorgfaltspflichten verletzt hat, sondern nur darauf, ob er „vernünftigerweise annehmen durfte“, seiner Sorgfaltspflicht zu genügen. Ausschlaggebend ist die subjektive Vorstellung des Vorstands, die allerdings durch das objektiv zu beurteilende Tatbestandsmerkmal "vernünftigerweise annehmen Dürfen" modifiziert wird.[384] Dieser Ansatz entspricht der Überlegung, dass es bei der ex-post-Beurteilung von unternehmerischen Entscheidungen nicht auf die Person des Richters oder der Richterin, sondern auf den Vorstand ankommen soll.[385] Dennoch ist der vorgesehene subjektive Haftungsmaßstab kritisiert worden. *Thümmel* etwa ist der Auffassung, dass er dem Vorstand unnötigerweise einen zu weit gehenden Haftungsfreiraum einräume.[386] Seiner Ansicht nach, wäre der Vorstand ausreichend geschützt, wenn das Haftungsprivileg der Business Judgment Rule an das objektive Vorliegen ihrer Tatbestandsmerkmale geknüpft würde.[387] Dabei wäre, entsprechend dem mit der Business Judgment Rule verfolgten Zweck, den Vorstand vor einer erfolgs- oder misserfolgsgeprägten ex-post-Beurteilung seiner Entscheidung zu bewahren, natürlich auf den Zeitpunkt abzustellen, in dem die Entscheidung getroffen wurde.[388] Die Kritik am subjektiven Haftungsmaßstab ist berechtigt. Sie verliert aber an praktischer Bedeutung, wenn man sich vor Augen führt, dass

382 Vgl. *Fleischer*, ZIP 2004, 685, 691, der dem Tatbestandsmerkmal nur eine „Notbremsfunktion“ beimißt.
383 Vgl. *Roth*, BB 2004, 1066, 1067.
384 Begr. RegE des UMAG vom 17.11.2004 S. 22; Begr. RegE vom 14.03.2005 S. 11.
385 *Fleischer*, ZIP 2004, 685, 789.
386 *Thümmel*, DB 2004, 471, 472.
387 *Thümmel*, DB 2004, 471, 472.
388 *Thümmel*, DB 2004, 471, 472.

ein Vorstand in aller Regel nur dann „vernünftigerweise annehmen durfte", „zum Wohle der Gesellschaft" und „auf der Grundlage angemessener Informationen" zu handeln, wenn er tatsächlich – mit anderen Worten objektiv – angemessen informiert war und die Informationen seine Entscheidung rechtfertigten. Denn ein Vorstand der eine Entscheidung trifft, ohne angemessen informiert zu sein, oder dessen Informationen seine Entscheidung nicht rechtfertigen, wird bei vernünftiger Betrachtungsweise kaum annehmen dürfen, zum Wohle der Gesellschaft zu handeln. Der seiner Konzeption nach subjektive Haftungsmaßstab wird also durch das Kriterium des Annehmendürfens bei vernünftiger Betrachtungsweise praktisch so weit objektiviert, dass letztlich objektive Tatsachen über die Anwendung der Business Judgment Rule entscheiden. Von der subjektiven Komponente des Tatbestandes bleibt damit im Ergebnis kaum etwas übrig. Sie ist auch überflüssig. Denn selbst zur Verdeutlichung, dass der Vorstand nur so informiert sein musste, wie die Situation es erlaubte und die Entscheidung es erforderte, ist das Kriterium des Annehmendürfens bei vernünftiger Betrachtungsweise entbehrlich. Schon das objektiv zu beurteilende Tatbestandsmerkmal der Angemessenheit der Informationen trägt diesem Umstand ausreichend Rechnung. Mit der Entbehrlichkeit der subjektiven Komponente des Tatbestandes der Business Judgment Rule ist aber zugleich festgestellt, dass der Versuch eines gemischt subjektiv-objektiven-Haftungsmaßstabs gescheitert ist. Die subjektive Formulierung der Business Judgment Rule trägt nicht zu deren Verständnis oder Anwendung bei, sondern ist irreführend. Auf die Worte „vernünftigerweise annehmen durfte" hätte verzichtet werden sollen.

cc) Die Beweislastverteilung

Die deutsche Fassung der Business Judgment Rule sieht eine vom amerikanischen Recht abweichende Beweislastverteilung vor. Die Formulierung und systematische Stellung der Business Judgment Rule als Ausnahme und Einschränkung des § 93 Abs. 1 Satz 1 AktG bürdet – anders als das amerikanische Recht[389] – nicht dem Kläger die Darlegungs- und Beweislast für das Fehlen zumindest eines der Tatbestandsmerkmale der Business Judgment Rule auf, sondern dem Vorstand die Darlegungs- und Beweislast für das Vorliegen ihrer Tatbestandsmerkmale.[390] Die nach amerikanischem Recht geltenden Vermutung, dass der Vorstand seine Entscheidung auf der Grundlage angemessener Informationen,

389 Vergleiche insoweit oben unter II.A.1.

390 Begr. RefE des UMAG, S. 19; Begr. RegE des UMAG vom 17.11.2004 S. 24; Begr. RegE vom 14.03.2005 S. 12; siehe auch *Fleischer*, ZIP 2004, 685, 688.

uneigennützig und zum Wohle der Gesellschaft getroffen hat, ist damit nicht in das deutsche Recht übernommen worden.

Diese beweisrechtliche Abweichung der deutschen Fassung der Business Judgment Rule vom amerikanischen Recht ist bedenklich.[391] Denn es ist gerade die im amerikanischen Recht getroffene Beweislastverteilung, die das Hauptziel der Business Judgment Rule – nämlich die Direktoren einer Aktiengesellschaft zur Eingehung vernünftig abgewogener Risiken zu ermuntern – fördert, indem sie die Direktoren schon und gerade auf der Beweislastebene effektiv vor der persönlichen Haftung schützt.[392] Bei näherer Betrachtung fällt allerdings auf, dass sich die Beweislastverteilung der deutschen Business Judgment Rule in der praktischen Anwendung weniger stark von der im amerikanischen Recht unterscheidet, als es zunächst den Anschein hat. Deutlich abgeschwächt wird der zunächst ins Auge stechende Unterschied nämlich zum einen durch die weniger strengen Anforderungen an die Beweisführung des Klägers im amerikanischen Recht und zum anderen durch die von der deutschen Rechtsprechung entwickelten Grundsätze zum Beweis negativer Tatsachen.

(1) Die Beweisführung nach amerikanischem Recht

Zwar besteht nach amerikanischem Recht eine Vermutung, dass die Direktoren ihre Entscheidung gutgläubig, uneigennützig und auf der Grundlage angemessener Informationen getroffen haben. Diese Vermutung gilt aber bereits dann als widerlegt, wenn der Kläger eines der Tatbestandsmerkmale des Haftungsprivilegs der Business Judgment Rule substantiiert bestreitet.[393] Gelingt es dem Klä-

---

391 Siehe auch *Paefgen*, AG 2004, 245, 258 f., der sich für eine Übernahme auch der amerikanischen Ausgestaltung der Beweislast ausspricht; kritisch zu der im deutschen Recht vorgenommenen Beweislastverteilung auch *Roth*, BB 2004, 1066, 1067, 1069, der die Beweislast des Vorstands auf die Einhaltung der Gesetze, der Satzung, der Hauptversammlungsbeschlüsse und der Treuepflicht beschränken will.

392 Siehe insoweit oben unter II.A.1; siehe auch *Paefgen*, AG 2004, 245, 256, 258 f.; *Roth*, BB 2004, 1066, 1067.

393 In re The Walt Disney Company Derivative Litigation, 2003 Del. Ch. LEXIS 52 (May 28, 2003) („Plaintiffs may rebut the presumption that the board's decision is entitled to deference by raising a reason to doubt whether the board's action was taken on an informed basis or whether the directors honestly and in good faith believed that the action was in the best interest of the corporation. Thus, plaintiffs must plead particularized facts sufficient to raise (i) a reason to doubt that the action was taken honestly and in good faith or (ii) a reason to doubt whether the board was adequately informed in making the decision."); McMullin v. Beran, 765 A.2d 910, 922 („One can reasonably infer from the factual allegations ..."; siehe auch *Knepper/Bailey*, Liability of Corporate Directors, § 2.10 mit weiteren Nachweisen; *Lüpkemann*, Das haftungsfreie wirtschaftliche Ermessen in der Aktiengesellschaft,

ger auf diese Weise, die Vermutung – unter Umständen mit Hilfe einer Pretrial Discovery – zu erschüttern, verlagert sich die Darlegungs- und Beweislast und obliegt es den Direktoren, die Voraussetzungen der Business Judgment Rule darzulegen und zu beweisen.

(2) Der Beweis negativer Tatsachen

Hinsichtlich des Tatbestandsmerkmals „unbeeinflusst von Interessenkonflikten, Fremdeinflüssen und ohne unmittelbaren Eigennutz" führt die Beweislastverteilung der deutschen Fassung der Business Judgment Rule zum gleichen Ergebnis. Bei diesem Tatbestandsmerkmal handelt es sich nämlich um eine sogenannte negative Tatsache. Negative Tatsachen sind solche, deren Nichtvorliegen Anspruchsvoraussetzung beziehungsweise Tatbestandsvoraussetzung ist.[394] Die Schwierigkeit des Beweises negativer Tatsachen ändert zwar nicht die Verteilung der Beweislast.[395] Im Rahmen des Zumutbaren kann vom Prozessgegner aber das substantiierte Bestreiten der negativen Tatsachen verlangt werden.[396] Auf die Business Judgment Rule bezogen bedeutet dies, dass praktisch der Kläger in der Darlegungspflicht steht. Der Vorstand darf das Fehlen der negativen Tatsachen pauschal behaupten. Erst wenn der Kläger einen Interessenkonflikt, Fremdeinflüsse oder unmittelbaren Eigennutz substantiiert dargelegt hat, obliegt es dem Vorstand, diese Vorwürfe zu widerlegen. Hinsichtlich des Tatbestandsmerkmals „unbeeinflusst von Interessenkonflikten, Fremdeinflüssen und ohne unmittelbaren Eigennutz" wirkt sich die im amerikanischen und deutschen Recht unterschiedliche Verteilung der Beweislast damit im Ergebnis nicht aus. Vielmehr werden an den Kläger und den Vorstand dies- wie jenseits des Atlantiks die gleichen Anforderungen gestellt.

(3) Der Beweis positiver Tatsachen

Anders verhält es sich hinsichtlich der positiven Tatbestandsmerkmale der Business Judgment Rule. Für die Tatbestandsmerkmale „unternehmerische Entscheidung", „Handeln zum Wohle der Gesellschaft", „auf der Grundlage angemessener Informationen" und „in gutem Glauben" trägt der Vorstand nicht nur die Beweis-, sondern auch die originäre Darlegungslast. Hinsichtlich dieser Tatbestandmerkmale muss er also die Tatsachen, aus denen sich die Pflichtgemäßigkeit

---

S. 56; vgl. auch *Oltmanns*, Geschäftsleiterhaftung und unternehmerisches Ermessen, S. 98 ff.

394 Zöller/*Greger*, Vor § 284 Rz. 24.

395 Zöller/*Greger*, Vor § 284 Rz. 24.

396 Zöller/*Greger*, Vor § 284 Rz. 24.

seiner Entscheidung ergibt, darlegen und beweisen. Im Gegensatz zu seinen amerikanischen Kollegen ist es ihm hinsichtlich dieser Tatbestandsmerkmale mithin verwehrt, lediglich eine verteidigende Position einzunehmen und den Angriff des Prozessgegners abzuwarten.

Hinsichtlich des Tatbestandsmerkmals „unternehmerische Entscheidung" wird dem Vorstand der Beweis nicht schwerfallen. Der Vorstand muss lediglich die Tatsachen darlegen, aus denen sich ergibt, dass es sich bei der Entscheidung um eine Ermessensentscheidung handelte. Schwieriger kann der Beweis sein, die Entscheidung auf einer angemessenen Informationsgrundlage getroffen zu haben. Ist dem Vorstand aber auch dieser Beweis gelungen, wird in aller Regel schon feststehen, dass ihm das Haftungsprivileg der Business Judgment Rule zugute kommt. Hinsichtlich der Tatbestandsmerkmale „zum Wohle der Gesellschaft" und „in gutem Glauben" muss der Vorstand dann nämlich nur noch beweisen, dass die eingeholten Informationen die getroffene Entscheidung rechtfertigten. Das ist nicht nur der Fall, wenn die Informationen gerade die getroffene Entscheidung indizierten, sondern auch dann, wenn sie dem Vorstand die Wahl zwischen mehreren gleichermaßen vertretbaren Entscheidungen eröffneten. Denn bei einer Wahlmöglichkeit muss der Beweis, dass die Informationen die Entscheidung rechtfertigten, zugleich die Vermutung begründen, dass der Vorstand in gutem Glauben und zum Wohle der Gesellschaft gehandelt hat. Sonst träfe den Vorstand nämlich letztlich doch die Darlegungslast für das negative Tatbestandsmerkmal „unbeeinflusst von Interessenkonflikten, Fremdeinflüssen und ohne unmittelbaren Eigennutz". Die Tatbestandsmerkmale „in gutem Glauben" und „zum Wohle der Gesellschaft" sind also nur scheinbar positiv; in Wirklichkeit sind sie gleichbedeutend mit dem Fehlen von Sonderinteressen.

(4) Zwischenergebnis

Die maßgebliche und in der Regel ausschlaggebende Voraussetzung für das Haftungsprivileg der Business Judgment Rule besteht damit auch nach deutschem Recht in der angemessenen Informationsgrundlage der streitigen Entscheidung.[397] Gelingt es dem Vorstand darzulegen und zu beweisen, dass er seine Entscheidung auf einer angemessenen Informationsgrundlage getroffen hat, welche die Entscheidung rechtfertigte, kann er sich zurücklehnen und die Angriffe des

397 Ebenso *Ulmer*, DB 2004, 859, 861, der ebenfalls unter Verweis auf einen Rechtsvergleich mit dem amerikanischen Recht die angemessene Informationsgrundlage für das ausschlaggebende Kriterium für das Haftungsprivileg der Business Judgment Rule hält; vgl. auch *Roth*, BB 2004, 1066, 1067, der die ohne grobe Fahrlässigkeit bzw bei vernünftiger Betrachtungsweise für angemessen erachtete Informationslage als wichtigstes Element der Business Judgment Rule bezeichnet.

Gegners abwarten, der nun seinerseits das Vorliegen der übrigen Tatbestandsmerkmale der Business Judgment Rule substantiiert bestreiten muss. Für das Tatbestandsmerkmal „auf der Grundlage angemessener Informationen“ trägt im deutschen Recht aber – anders als im amerikanischen Recht – der Vorstand die Darlegungs- und Beweislast. Darin liegt der eigentliche Unterschied der verschiedenartigen Beweislastverteilung im amerikanischen und deutschen Recht.

Hält man sich aber vor Augen, dass auch ein amerikanischer Direktor jederzeit in der Lage sein muss, die Grundlagen seiner Entscheidung nachweisen zu können, weil er immer damit rechnen muss, dass ein Kläger die mangelhafte Informationsgrundlage einer Entscheidung substantiiert darlegt, so wird deutlich, dass ein deutscher Vorstand im Ergebnis nicht wesentlich schlechter dasteht als sein amerikanisches Parallelgremium. Sowohl deutsche Vorstandsmitglieder als auch amerikanische Direktoren müssen darauf bedacht sein, jederzeit der Behauptung einer unqualifizierten Entscheidungsfindung entgegentreten zu können.

(5) Kritik an der Beweislastverteilung

Die in § 93 Abs. 1 Satz 2 AktG getroffene Beweislastverteilung mag im Ergebnis vertretbar sein. Der vom deutschen Gesetzgeber eingeschlagene – vom amerikanischen Recht abweichende – Weg ist aus den dargelegten Gründen problematisch, richtig verstanden aber durchaus gangbar. Bedauerlich ist allerdings, dass die Verfasser der Business Judgment Rule es versäumt haben, in der Begründung des Referentenentwurfs und der Regierungsentwürfe näher auf die Unterschiede zum amerikanischen Recht einzugehen. Dort findet sich nur der lapidare Satz: „Da der Haftungsfreiraum des Satzes 2 als Ausnahme und Einschränkung gegenüber Satz 1 formuliert ist, liegt die Darlegungs- und Beweislast für das Vorliegen der Tatbestandsmerkmale beim Geschäftsleiter“. Dies lässt den Schluss zu, dass die Verfasser der Business Judgment Rule sich nicht ausreichend Gedanken über die genaue Ausgestaltung der Beweislast und deren Konsequenzen für die mit der Business Judgment Rule verfolgten Ziele gemacht haben. Schön wäre es gewesen, wenn die Verfasser die vom amerikanischen Recht abweichende Beweislastverteilung begründet, zwischen positiven und negativen Tatbestandsmerkmalen beweisrechtlich genauer differenziert und die Anforderungen an den Beweis der einzelnen Tatbestandsmerkmale konkretisiert hätten. Trotz dieser Verwirrung stiftenden Versäumnisse lässt der Wortlaut des geplanten § 93 Abs. 1 Satz 2 AktG aber dennoch einen sinnvollen Umgang mit der vorgesehenen Beweislastverteilung zu.

dd) *Eigener Formulierungsvorschlag für die Business Judgment Rule*

Nachdem die Umsetzung der Business Judgment Rule in das deutsche Recht in den vorangegangenen Absätzen erörtert und kritisiert worden ist, soll ein Vorschlag für eine die Kritik berücksichtigende Formulierung der Business Judgment Rule gemacht werden:

> „Eine Sorgfaltspflichtverletzung liegt nicht vor, wenn der Vorstand eine unternehmerische Entscheidung unbeeinflusst von Interessenkonflikten, Fremdeinflüssen und ohne unmittelbaren Eigennutz auf der Grundlage angemessener Informationen zum Wohle der Gesellschaft und in gutem Glauben trifft. Rechtfertigt die angemessene Informationsgrundlage die getroffene Entscheidung, so wird vermutet, dass der Vorstand zum Wohle der Gesellschaft und in gutem Glauben gehandelt hat."

d) *Der Unocal/Unitrin Standard und die Revlon-Pflichten*

Gemäß dem Motto „Wer A sagt, muss auch B sagen" wäre es naheliegend, mit der Business Judgment Rule auch deren Ausnahmen aus dem amerikanischen Recht zu übernehmen, namentlich also vor allem den Unocol/Unitrin-Standard[398] und die Revlon-Pflichten[399]. Denn auch in Deutschland besteht bei Vorliegen der jeweiligen Voraussetzungen für die Anwendung dieser verschärften Beurteilungsstandards die erhöhte Gefahr eines Missbrauchs des unternehmerischen Ermessens durch den Vorstand und deshalb ein besonders starkes Bedürfnis nach Kontrolle. Auf den ersten Blick erscheint es deshalb konsequent, No-Shop-Vereinbarungen auch im deutschen Recht an den für das amerikanische Recht entwickelten Zulässigkeitskriterien[400] zu messen.

So richtig diese Schlussfolgerung im Ergebnis sein mag, so wenig darf sie vorschnell gezogen werden. Die Business Judgment Rule muss bei ihrer praktischen Anwendung nämlich behutsam in das Regelungswerk des deutschen Aktienrechts eingefügt werden.[401] Dabei sind vor allem die Unterschiede und Besonderheiten des deutschen Aktiengesetzes mitsamt seiner Auslegung und Fortentwicklung durch die Rechtsprechung zu berücksichtigen. Außerdem ist dem Umstand Rechnung zu tragen, dass der deutsche Gesetzgeber im WpÜG sowohl die Ergreifung von Abwehrmaßnehmen als auch die Rechte und den Schutz von Minderheitsaktionären im Falle der Veräußerung eines Mehrheitsanteils an der Gesellschaft durch einen Mehrheitsaktionär durch das Vereitelungsverbot (33 WpÜG) und das Pflichtangebot (§§ 35 ff. WpÜG) geregelt hat. Die dem

---

398 Siehe hierzu oben unter II.A.3.a.

399 Siehe hierzu oben unter II.A.3.b.

400 Siehe oben unter II.C.

401 Vgl. *Fleischer*, ZIP 2004, 685, 688.

Unocal/Unitrin Standard und den Revlon-Pflichten zugrundeliegenden Gefahrenlagen für die Aktionäre der Zielgesellschaft sind also von den Verfassern des WpÜG gesehen und berücksichtigt worden. Ferner besteht ein wesentlicher Unterschied zwischen dem deutschen Recht und dem amerikanischen Recht mit seinen unterschiedlich strengen Beurteilungsstandards schon darin, dass das deutsche Konzept der Business Judgment Rule im Gegensatz zur amerikanischen Business Judgment Rule keine Beweislastumkehr enthält. Schließlich könnte einer Übernahme insbesondere der Revlon-Pflichten aus dem amerikanischen Recht das in Deutschland weiter gefasste Unternehmensinteresse entgegenstehen.

aa) Der Unocal/Unitrin Standard

Die Zulässigkeit von Abwehrmaßnahmen, die nach Veröffentlichung der Entscheidung zur Abgabe eines Angebots ergriffen werden, richtet sich nach den §§ 33 ff. WpÜG, die als leges speciales und leges posteriores den aktienrechtlichen Bestimmungen vorgehen.[402] Präventivmaßnahmen oder Deal Protection Devices hingegen fallen nicht in den Regelungsbereich der §§ 33 ff. WpÜG.[403] Ihre Zulässigkeit richtet sich weiterhin nach den allgemeinen aktienrechtlichen Regeln.[404] Für ihre Beurteilung könnte damit grundsätzlich in Anlehnung an das amerikanische Recht der Unocal/Unitrin Standard gelten. Es wurde aber bereits festgestellt, dass die deutsche Version der Business Judgment Rule im Gegensatz zu der amerikanischen Business Judgment Rule keine Beweislastumkehr nach sich zieht.[405] Anders als nach amerikanischem Recht trägt also nach deutschem Recht nicht zunächst einmal der klagende Aktionär oder Aufsichtsrat die Darlegungs- und Beweislast dafür, dass zumindest eine der Voraussetzungen für das Privileg der Business Judgment Rule nicht vorliegt, sondern obliegt es von vornherein dem Vorstand, die Voraussetzungen der Business Judgment Rule darzulegen und zu beweisen. Damit entfällt das Bedürfnis für den Unocal/Unitrin Standard im deutschen Recht schon im Ansatz.[406] Besteht doch die Aufgabe des Unocal/Unitrin Standards darin, den Direktoren hinsichtlich der Ergreifung von

---

402 Vgl. *Bayer*, ZGR 2002, 588, 605; *Brandi* in Thaeter/Brandi, Öffentliche Übernahmen, Teil 3 Rz. 78, 276 und 290; *Hirte* in Kölner Kommentar WpÜG, § 33 Rz. 1, 28; *Krause*, AG 2002, 133, 136; *Röh* in Haarmann/Riehmer/Schüppen, WpÜG, § 33, Rz. 46.

403 Siehe oben unter III.A.1.b).

404 *Ekkenga*, in Ehricke/Ekkenga/Oechsler, WpÜG, § 33 Rz. 28; *Hirte* in Kölner Kommentar WpÜG, § 33 Rz. 27; *Hirte*, ZGR 2002, 623, 627; *Röh* in Haarmann/Riehmer/Schüppen, WpÜG, § 33 Rz. 53.

405 Begr. RefE des UMAG, S. 19; siehe auch *Fleischer*, ZIP 2004, 685, 688.

406 Siehe auch *Paefgen*, AG 2004, 245, 259 f., der sich schon auch rechtspolitischen Gründen gegen die Übernahme des Unocal/Unitrin Standards ausspricht.

Abwehrmaßnahmen nicht unmittelbar die Business Judgment Rule zugutekommen zu lassen, sondern ihrer Anwendung aufgrund der besonderen Gefahr, dass die Abwehr einer feindlichen Übernahme nicht zum Wohle der Gesellschaft oder der Aktionäre geschieht, sondern auf eigennützigen Motiven der Direktoren beruht, eine Vorprüfung vorzuschalten, bei der die Direktoren die Beweislast dafür tragen, dass sie berechtigter und vernünftiger Weise von einer Gefahr für die Gesellschaft ausgehen durften und dass die ergriffenen Abwehrmaßnahmen verhältnismäßig waren.[407] Der Unocal/Unitrin Standard begründet damit im Grunde nichts anderes eine Ausnahme von der im Rahmen der Business Judgment Rule getroffenen Beweislastregelung. Trägt der Vorstand aber nach der deutschen Business Judgment Rule ohnehin die Beweislast dafür, dass er auf der Grundlage angemessener Informationen und zum Wohle der Gesellschaft gehandelt hat, so hat er im Falle der Ergreifung von Präventivmaßnahmen oder Deal Protection Devices zu beweisen, dass Tatsachen die Annahme einer Gefahrenlage für die Gesellschaft begründeten und dass die ergriffenen Abwehrmaßnahmen verhältnismäßig waren. Hinsichtlich einer No-Shop-Vereinbarung trifft den Vorstand damit nach deutschem Recht ohnehin die Pflicht, darzulegen und zu beweisen, dass deren Abschluss im Unternehmensinteresse lag. Das Bedürfnis für den Unicol/Unitrin-Test entfällt damit von vornherein.

bb) Die Revlon-Pflichten

Was die Revlon-Pflichten betrifft, so stellt sich die Frage, ob der Vorstand auch nach deutschem Aktienrecht, wenn es um eine Transaktion mit Kontrollwechsel geht, zum höchstmöglichen Preis verkaufen muss und entsprechende Maßnahmen, wie etwa eine Auktion, zu veranlassen hat, um diesen zu erzielen. Diese Frage hängt mit der seit langem geführten Diskussion um den Unternehmenszweck einer Aktiengesellschaft zusammen.[408]

Sieht man den Zweck einer Aktiengesellschaft zumindest vornehmlich darin, das Vermögen der Aktionäre zu mehren, so wäre es konsequent, dem Vorstand mit der bereits aus dem amerikanischen Recht bekannten Begründung zumindest im Falle einer Cash-Transaktion auch im deutschen Recht die Revlon-Pflichten aufzuerlegen. Tauschen die Aktionäre der Zielgesellschaft ihre Aktien nämlich gegen Bares, so verabschieden sie sich endgültig von der Gesellschaft. An zukünftigen Erfolgen der aus der Transaktion hervorgehenden Gesellschaft oder

---

407 Siehe oben unter II.A.3.a.

408 Zum Stand der Diskussion mit weiteren Nachweisen etwa *Hefermehl/Spindler* in MünchKommAktG, § 76 Rz. 52 ff; *Hüffer*, AktG, § 76 Rz. 12.

Synergieeffekten partizipieren sie nicht mehr. Ihr Interesse beschränkt sich darauf, ihre Aktien zu einem möglichst hohen Preis zu verkaufen.

Fasst man den Unternehmenszweck hingegen weiter und berücksichtigt man insbesondere die Interessen sonstiger Stakeholder an der Gesellschaft, so könnten unter Umständen auch im Falle einer Cash-Transaktion die Interessen sonstiger Stakeholder gegenüber den Interessen der Aktionäre an einem möglichst hohen Veräußerungserlös überwiegen. Dann aber wäre es verfehlt, den Vorstand bei der Auswahl eines Käufers mit den Revlon-Pflichten zu belasten.

In dieser Arbeit soll mit Blick auf die Zulässigkeit von No-Shop-Vereinbarungen die These aufgestellt werden, dass zumindest im Zeitpunkt einer Veräußerung der Gesellschaft gegen Bares die Vermögensinteressen der Aktionäre gegenüber den Interessen anderer Stakeholder den Vorrang genießen müssen.[409] Den Aktionären einer Zielgesellschaft einen möglichen höheren Kaufpreis mit der Begründung vorzuenthalten, dass die Interessen anderer Stakeholder dies geböten, dürfte Investoren von einer Geldanlage in Aktien in einem gesamtwirtschaftlich kaum vertretbaren Maße abschrecken. Auch nach deutschem Recht unterliegt der Vorstand im Falle einer Cash-Transaktion damit den Revlon-Pflichten. Wie im amerikanischen Recht ist der Vorstand einer Aktiengesellschaft also verpflichtet, auf die Erzielung des höchstmöglichen Kaufpreises hinzuwirken und entsprechende, den Verkaufserlös beflügelnde Maßnahmen zu ergreifen. Wie im amerikanischen Recht steht ihm bei der Wahl der preiserhöhenden Maßnahmen konsequenter Weise das unternehmerische Ermessen zu, das wiederum der Business Judgment Rule unterfällt. Der einzige Unterschied zum amerikanischen Recht ist bei dieser Fallkonstellation also wiederum die nicht ganz unbedeutende Abweichung der deutschen Fassung der Business Judgment Rule von der amerikanischen hinsichtlich der Beweislast. Während ein Kläger nach amerikanischem Recht zunächst einmal die Vermutung widerlegen muss, dass die Direktoren eine Maßnahme pflichtgemäß, gutgläubig, auf der Grundlage angemessener Informationen und zur Erzielung des höchstmöglichen Kaufpreises ergriffen haben, trifft nach deutschem Recht insoweit den Vorstand die Beweislast.[410]

Handelt es sich bei der beabsichtigten Transaktion hingegen nicht um eine Cash-Transaktion, sondern um eine Stock-for-Stock-Transaktion, die aber dennoch einen Kontrollwechsel nach sich zieht, so besteht im Gegensatz zum amerikanischen Recht im deutschen Recht kein Bedürfnis nach Anwendung der Revlon-Pflichten. Anders als im amerikanischen Recht verlieren die Aktionäre

409 Vgl. auch *Fleischer*, Handbuch Corporate Governance, S. 146; *Horn*, ZIP 2000, 473, 481; *Kirchner*, WM 2000, 1821, 1824; *Schwenicke* in Geiber/Süßmann, WpÜG, § 3 Rz. 25.

410 Siehe hierzu oben unter III.B.2.c)cc).

der Zielgesellschaft bei einer solchen Transaktion nämlich nicht die einmalige Chance, eine Kontrollprämie zu verwirklichen. Im Unterschied zum amerikanischen Recht kann in Deutschland der aus der Transaktion hervorgehende Mehrheitseigner wegen der Vorschriften über das Pflichtangebot (§§ 35 ff. WpÜG) nicht einseitig in einer weiteren Transaktion die Kontrollprämie einheimsen. Die Regeln über das Pflichtangebot bestimmen, dass, wer unmittelbar oder mittelbar die Kontrolle über eine Zielgesellschaft erlangt – also 30% der Stimmrechte an der Gesellschaft erworben hat (§ 29 Abs. 2 WpÜG) –, ein Angebot zum Erwerb auch der übrigen Aktien abgeben muss (§ 35 Abs. 2 WpÜG). Dabei muss der Bieter den übrigen Aktionären mindestens den höchsten Preis, den er in den letzten sechs Monaten vor der Veröffentlichung des Pflichtangebots für den Erwerb von Aktien der Zielgesellschaft gezahlt hat, anbieten (§§ 39, 31 Abs. 1 WpÜG i.V.m. § 4 AngebVO). Werden die Aktien der Zielgesellschaft an der Börse gehandelt, so muss der angebotene Preis daneben mindestens dem gewichteten durchschnittlichen inländischen Börsenkurs dieser Aktien während der letzten drei Monate vor der Veröffentlichung des Kontrollerwerbs entsprechen (§§ 39, 31 Abs. 1 WpÜG i.V.m. § 5 Abs. 1 AngebVO). Die Minderheitsaktionäre der aus der ersten Transaktion hervorgehenden Gesellschaft partizipieren damit zwangsläufig an einer Kontrollprämie.

Für einen Bieter hat das Pflichtangebot zur Folge, dass er die von ihm als angemessen erachtete Kontrollprämie nicht allein dem kontrollierenden Aktionär der Zielgesellschaft anbieten darf, sondern dass er die Kontrollprämie von vornherein auf alle Aktionäre verteilen muss. Versäumt er dies, wird er insgesamt mehr für die Kontrolle der Gesellschaft zahlen, als ihm die Kontrolle wert ist. Durch das Pflichtangebot sind die Aktionäre einer Zielgesellschaft hinreichend vor einem Kontrollwechsel, der nicht in der vollständigen Veräußerung der Gesellschaft besteht, geschützt. Da das Pflichtangebot auch die Minderheitsaktionäre an einer gebotenen Kontrollprämie teilhaben lässt, ist die Anwendung der Revlon-Pflichten nach deren dogmatischer Begründung nicht gerechtfertigt.

Die wirklich problematischen Transaktionen sind wie im amerikanischen Recht solche, die eine aus Aktien und Cash gemischte Gegenleistung zum Gegenstand haben oder bei denen nur ein bestimmter Anteil der Gesellschaft gegen Cash verkauft wird. Durch diese Transaktionen verlieren die Aktionäre der Zielgesellschaft einerseits hinsichtlich desjenigen Anteils ihrer Aktien, den sie gegen Cash tauschen, die Möglichkeit, mit diesem Anteil an einer später gebotenen Kontrollprämie zu partizipieren. Hinsichtlich des nicht veräußerten Anteils bzw. hinsichtlich ihrer gegen Aktien der bietenden Gesellschaft getauschten Aktien gelten hingegen wieder die Regeln über das Pflichtangebot, so dass hinsichtlich dieses Anteils oder hinsichtlich dieser Aktien die dogmatische Begründung der Revlon-Pflichten nicht greift. Letztlich wird man die Anwendung der Revlon-

Pflichten bei solchen Transaktionen davon abhängig machen müssen, ob die Transaktion schwerpunktmäßig auf ein Ausscheiden der Aktionäre der Zielgesellschaft aus dem Unternehmen oder auf einen strategischen Zusammenschluss der Aktionäre beider Gesellschaften abzielt. Gewisse Abgrenzungsschwierigkeiten werden sich bei dieser Einordnung nicht vermeiden lassen.

e) Die Konsequenzen für die Zulässigkeit von No-Shop-Vereinbarungen

Auf die Frage der aktienrechtlichen Zulässigkeit von No-Shop-Vereinbarungen bezogen, ergeben die eben herausgearbeiteten Grundsätze, dass die Anforderungen an ein gewissenhaftes und sorgfältiges Vorstandshandeln sich kaum von den Sorgfaltspflichten amerikanischer Direktoren unterscheiden. Wie amerikanische Direktoren sind auch deutsche Vorstände im Falle einer Cash-Transaktion dazu verpflichtet, aktiv auf die Erzielung eines möglichst hohen Kaufpreises hinzuarbeiten. Ansonsten unterliegen ihre Entscheidungen der Business Judgment Rule, wobei sowohl nach amerikanischem als auch nach deutschem Recht eine angemessene Informationsgrundlage der Entscheidung das maßgebliche Kriterium bildet. Kann ein Vorstand nachweisen, dass er sich angemessen informiert hat, so ist seine Entscheidung grundsätzlich von der Business Judgment Rule gedeckt. Anders liegt es nur dann, wenn der Kläger substantiiert darlegen kann, dass die übrigen Voraussetzungen der Business Judgment Rule nicht erfüllt sind. Dann trifft den Vorstand eine weitergehende Erklärungs- und Beweispflicht. Die im amerikanischen Recht wichtige Unterscheidung zwischen einer Transaktion mit Kontrollwechsel und einer strategischen Transaktion hat im deutschen Recht weniger Bedeutung, weil die Regeln des WpÜG über das Pflichtangebot (§§ 35 ff. WpÜG) auch Minderheitsaktionäre einer Gesellschaft an einer gebotenen Kontrollprämie teilhaben lassen. Außer im Fall einer reinen oder zumindest schwerpunktmäßigen Cash-Transaktion darf der Vorstand deshalb grundsätzlich auch langfristige und strategische Überlegungen in seine Entscheidung mit einfließen lassen. Wie im amerikanischen Recht ist der Vorstand aber auch im Rahmen einer strategischen Transaktion verpflichtet, die langfristig werthaltigste Transaktion zu wählen. Je nach Verständnis des Unternehmenszwecks einer Aktiengesellschaft ist die Werthaltigkeit der Transaktion allein an den Vermögensinteressen der Aktionäre zu messen oder unter Berücksichtigung der Stakeholder-Interessen zu beurteilen. Nach der hier vertretenen Auffassung müssen aus Gründen des Wettbewerbs der deutschen Aktiengesellschaften am Kapitalmarkt die Vermögensinteressen der Aktionäre den Ausschlag geben.

Was die konkrete aktienrechtliche Zulässigkeit von No-Shop-Vereinbarungen betrifft, kann damit weitgehend auf die Ausführungen zum amerikanischen Recht verwiesen werden.[411] Der Abschluss einer einfachen No-Shop-Vereinbarung steht wegen ihres relativ harmlosen und geringfügigen Zugeständnisgehalts im Ermessen des Vorstands. Kann der Vorstand nachweisen, dass er die Vereinbarung nicht willkürlich, sondern auf der Grundlage angemessener Informationen getroffen hat, so ist sie durch die Business Judgment Rule geschützt.[412] No-Talk-Vereinbarungen hingegen beschneiden den Handlungsspielraum des Vorstands der Zielgesellschaft viel stärker. Sie erfordern deshalb eine besondere Rechtfertigung. Insbesondere bei einer Cash-Transaktion wird der Vorstand das Bedürfnis nach einer No-Talk-Vereinbarung nur unter außerordentlichen Umständen begründen können.[413] Letztlich gilt aber auch für No-Talk-Vereinbarungen, dass der Informationsstand des Vorstands das maßgebliche Kriterium ist. Kommt der Vorstand etwa aufgrund einer umfassenden Marktanalyse zu dem Schluss, dass keine vorteilhaftere Transaktion in Sicht ist, und kann er eine angemessene Gegenleistung für die No-Talk-Vereinbarung vorweisen, so ist der Abschluss einer No-Talk-Vereinbarung zulässig. Bei seiner Bewertung einer Cash-Transaktion darf der Vorstand auch nach deutschem Recht allein den Maßstab des unmittelbar höchsten Transaktionspreises anlegen. Handelt es sich bei der Transaktion hingegen um eine Stock-for-Stock-Transaktion, so darf der Vorstand auch langfristige Überlegungen in seine Entscheidung einbeziehen. Schließlich gilt auch im deutschen Recht, dass eine Fiduciary-Out-Klausel der No-Shop-Vereinbarung ihre Brisanz nimmt und der Abschluss einer mit einer solchen Klausel versehenen No-Shop-Vereinbarung deshalb in aller Regel im von der Business Judgment Rule geschützten unternehmerischen Ermessen des Vorstands steht.[414] Für den Abschluss einer jeden No-Shop-Vereinbarung gilt aber, dass der Vorstand in der Lage sein muss, darzulegen und zu beweisen, dass er seiner Informationspflicht nachgekommen ist. Lediglich am Merkmal der Angemessenheit der Informationen scheiden sich die Wege. Während man für eine einfache No-Shop-Vereinbarung und No-Shop-Vereinbarungen mit Fiduciary-Out-Klausel relativ geringe Anforderungen an den Informationsstand des Vorstands stellen wird, erfordern No-Talk-Vereinbarungen ohne Fiduciary-Out-Klausel eine außerordentlich fundierte Informationsgrundlage, die eine No-Talk-Vereinbarung unter den gegebenen Umständen geboten erscheinen lässt. Dies gilt umso mehr, wenn es sich bei der Transaktion um eine Cash-Transaktion handelt. Grundsätzlich dürfte dann nämlich die Kontaktaufnahme des Vorstands der Zielgesellschaft mit mög-

411 Siehe insoweit oben II.C.

412 Siehe auch *Banerjea*, DB 2003, 1489, 1494, der die Zulässigkeit einer einfachen No-Shop-Vereinbarung ohne Einschränkungen bejaht.

413 Vgl. *Banerjea*, DB 2003, 1489, 1494.

414 Siehe auch *Banerjea*, DB 2003, 1489, 1495, der an eine No-Shop-Vereinbarung mit Fiduciary-Out-Klausel überhaupt keine Voraussetzungen knüpft.

lichst vielen Bietern im Interesse der Aktionäre liegen.[415] Als Faustregel lässt sich festhalten: Je einschneidender die No-Shop-Vereinbarung und je geringer der Beurteilungsspielraum des Vorstands hinsichtlich der Werthaltigkeit der Transaktion, desto höhere Anforderungen sind an den Informationsstand des Vorstands zu stellen. Grundsätzlich unzulässig ist eine No-Shop-Vereinbarung oder No-Talk-Vereinbarung aber nie.

C. Zusammenfassung

No-Shop-Vereinbarungen aller Art sind auch in Deutschland grundsätzlich zulässig. Da sie weder echte Präventivmaßnahmen noch Abwehrmaßnahmen nach Bekanntgabe der Entscheidung zur Abgabe eines Angebots sind, lässt sich ihre Zulässigkeit weder im positiven noch im negativen Sinne aus den §§ 33 ff. WpÜG ableiten. Auch an anderer Stelle hält das WpÜG keine Antwort auf die Frage der Zulässigkeit von No-Shop-Vereinbarungen bereit. Die Zulässigkeit von No-Shop-Vereinbarungen richtet sich daher weiterhin nach den §§ 76, 93 AktG. Beurteilungsmaßstab ist somit die Business Judgment Rule. Für den Vorstand einer Zielgesellschaft bedeutet dies, dass er darauf bedacht sein muss, eine angemessene Informationsgrundlage für den Abschluss einer No-Shop-Vereinbarung nachweisen zu können. Je nach Intensität der No-Shop-Vereinbarung sind dabei mehr oder minder hohe Anforderungen zu stellen. Gelingt dem Vorstand dieser Nachweis, so kommt er – außer im Falle treuwidrigen Verhaltens – in den Genuss des Haftungsprivilegs der Business Judgment Rule.

415 Vgl. *Fleischer*, ZIP 2002, 651, 653.

IV. Die Folgen unzulässiger No-Shop-Vereinbarungen im amerikanischen Recht

A. Der Konflikt

Die amerikanischen Gerichte sind in zwei Fallgestaltungen aufgerufen, sich mit der Zulässigkeit von No-Shop-Vereinbarungen zu befassen. Bei der ersten Fallgruppe setzt sich eine Zielgesellschaft nach Signing, aber vor Closing des Deals über die vereinbarte No-Shop- oder No-Talk-Vereinbarung hinweg und versucht, bessere Angebote hervorzurufen, oder verhandelt mit Konkurrenzbietern. Bei der zweiten Fallgruppe ist die Transaktion mit dem Konkurrenzbieter schon vollzogen worden. Je nach dem, wie weit die Verhandlungen mit dem Konkurrenzbieter beziehungsweise die konkurrierende Transaktion bereits fortgeschritten sind, erstrebt der Erstbieter entweder einstweiligen Rechtsschutz gegen das vertragswidrige Verhalten der Zielgesellschaft oder Schadensersatz wegen Vertragsbruchs. In Ausnahmefällen ist sogar ein Antrag auf Vertragserfüllung denkbar.[416]

Wenn das Gericht befindet, dass die Direktoren der Zielgesellschaft die No-Shop-Vereinbarung ohne rechtfertigenden Grund abgeschlossen und damit ihre Treue- und Organpflichten verletzt haben und dass die No-Shop-Vereinbarung damit gesellschaftsrechtlich unzulässig ist, so steht es vor dem Dilemma, wie es weiter verfahren soll. Einerseits besteht das Bestreben, die Interessen der Aktionäre der Zielgesellschaft zu schützen. Dieses Bestreben könnte sich in einer Tendenz der Gerichte niederschlagen, unzulässige No-Shop-Vereinbarungen einfach für unwirksam zu erklären. Andererseits darf das grundlegende vertragsrechtliche Gebot der Vertragstreue (pacta sunt servanda) nicht leichtfertig zurückgestellt werden. Zur Zeit lösen die Gerichte Delawares die Spannung zwischen Gesellschafts- und Vertragsrecht zugunsten der gesellschaftsrechtlichen Anforderungen auf. Unzulässige No-Shop-Vereinbarungen werden für nichtig und unvollstreckbar erklärt. Infolgedessen gewähren die Gerichte verschmähten und frustrierten Bietern weder einstweiligen Rechtsschutz noch Schadensersatz.[417] Diese undifferenzierte Bevorzugung der Werte des Gesellschaftsrechts vor denen des Vertragsrechts ist weder zwingend noch selbstverständlich. Sie ist im Gegenteil auf beträchtliche Kritik in der Literatur gestoßen. Auch haben einige Gerichte sowohl

416 Siehe IBP, Inc. v. Tyson Foods, Inc. (In re IBP, Inc. S'holders Litig.), 789 A.2d 14 (Del. Ch. 2001).

417 QVC, 637 A.2d 34, 51 (Del. 1994).

in Delaware als auch in anderen Bundesstaaten das Spannungsverhältnis zwischen gesellschafts- und vertragsrechtlichen Grundsätzen erkannt, das sich bei der Beurteilung unzulässiger Deal Protection Devices auftut. Jüngere Entscheidungen könnten darauf hindeuten, dass sich eine ausgewogenere Rechtsprechung zu diesem Thema entwickeln wird.

Die nächsten drei Abschnitte sollen die Entwicklung der einschlägigen Rechtsprechung des Staates Delaware aufzeigen. Dem folgt die Vorstellung zweier einander widersprechender Urteile zu diesem Thema, die außerhalb Delawares ergangen sind. Abschließend erfolgt eine Stellungnahme zu der Frage, ob die gesellschaftsrechtlichen Wertungen den vertragsrechtlichen vorgehen sollten.

B. Die Entwicklung des Rechts des Staates Delaware zu diesem Thema

Der aus unzulässigen Deal Protection Devices resultierende Konflikt zwischen gesellschafts- und vertragsrechtlichen Werten ist nicht immer so klar zugunsten des Gesellschaftsrechts entschieden worden. Zum ersten Mal von einem Gericht Delawares aufgegriffen wurde dieser Konflikt in Smith v. Van Gorkum.[418] Dort hatte das Board of Directors der Zielgesellschaft ein Merger und Recommendation Agreement unterzeichnet, ohne sich vorher ausreichend informiert zu haben.[419] Wegen der Verletzung ihrer Treue- und Organpflichten verklagt, behaupteten die Direktoren, dass sie trotz dem Recommendation Agreement nach wie vor die Möglichkeit gehabt hätten, den eingeleiteten Merger weiterzuverfolgen, ihren Aktionären zu empfehlen, den Merger abzulehnen, oder die Entscheidung schlichtweg den Aktionären zu überlassen. Deshalb hätten sie ihre Treue- und Organpflichten nicht verletzt.[420] Im Grunde vertraten die Direktoren damit den Rechtsstandpunkt, dass das Recommendation Agreement sie in keiner Weise vertraglich verpflichtet habe. Das Gericht teilte diese Ansicht nicht, sondern erklärte, dass der Erwerber durch den Abschluss des Recommendation Agreements vertragliche Rechte erworben habe, obwohl das Board of Directors der Zielgesellschaft grob fahrlässig gehandelt und somit seine Treue- und Organpflichten verletzt habe.[421] Die Nichteinhaltung des Recommendation Agreements „clearly involved a substantial risk – that the Board would be faced with [a lawsuit] by

418 Smith v. Van Gorkum, 488 A.2d 858 (Del. 1985).

419 Van Gorkum, 488 A.2d 858, 864 (Del. 1985).

420 Van Gorkum, 488 A.2d 858, 887 f. (Del. 1985).

421 Van Gorkum, 488 A.2d 858, 888 f. (Del. 1985) (Justice Horsey erklärte, dass „[c]learly, the Board was not ‚free‘ to withdraw from its agreements … by simply relying on its self-induced failure to have reached an informed business judgment at the time of its original agreement“.).

Pritzker [the acquirer] for breach of contract".[422] Das Van Gorkum-Gericht entschied damit zugunsten der vertraglichen Bindung.

Die Vorherrschaft der vertragsrechtlichen Werte über die gesellschaftsrechtlichen war nicht von langer Dauer. In Revlon bestätigte der Delaware Supreme Court, ohne dabei direkt auf die vertraglichen Rechte des Erwerbers einzugehen, eine einstweilige Verfügung des Delaware Court of Chancery, in der dieser ein Lock-Up, eine „no-shop clause" und eine Break-Up Fee für unwirksam erklärt hatte.[423] Der Delaware Supreme Court führte lediglich aus, dass die Deal Protection Devices einen „destructive effect on the [ongoing bidding process] gehabt hätten, „impermissible" und „part of the overall plan to thwart Pantry Prides's [the rival bidder's] efforts" gewesen seien und schließlich, „that the need for both bidders to compete in the market place outweighed any injury to Forstmann [the acquirer]".[424] Der Delaware Supreme Court entschied den Konflikt zwischen gesellschaftsrechtlichen und vertragsrechtlichen Werten damit zugunsten der gesellschaftsrechtlichen.

In der QVC-Entscheidung wurde diese Lösung bestätigt.[425] Dort erklärte das Gericht unzulässige Deal Protection Devices für „invalid and unenforceable".[426] Hinsichtlich der „no-shop provision" führte das Gericht aus, dass sie

> „could not validly define or limit the fiduciary duties of the Paramount directors. To the extent that a contract, or a provision thereof, purports to require a board to act ... in such a fashion as to limit the exercise of fiduciary duties, it is invalid and unenforceable. Despite the arguments of Paramount and Viacom to the contrary, the Paramount directors could not contract away their fiduciary obligations. Since the No-Shop [clause] was invalid, Viacom never had any vested contract rights in the provision".[427]

Die zwei bzw. drei Jahre später ergangenen Urteile in Sachen Kysor Industrial Corp. v. Margoaux, Inc.[428] und Brazen v. Bell Atlantic Corp.[429] – beides Entscheidungen, die Break-Up Fees betrafen – werden indessen als Indikatoren dafür gewertet, dass sich die Gerichte Delawares des Konfliktes zwischen Gesellschafts- und Vertragsrecht zunehmend bewusst werden und dass sie geneigt sind, die Position des Erwerbers zu stärken, indem sie dessen vertragsrechtlichen

---

422 Van Gorkum, 488 A.2d 858, 888 (Del. 1985).

423 Siehe Revlon, 506 A.2d 173, 176 (Del. 1986).

424 Siehe Revlon, 506 A.2d 173, 183 ff. (Del. 1986).

425 Paramount Communications, Inc. v. QVC Network, Inc. (In re Paramount Communications, Inc. S'holders Litig.), 637 A.2d 34 (Del. 1994).

426 QVC, 637 A.2d 34, 51 (Del. 1994).

427 QVC, 637 A.2d 34, 51 (Del. 1994).

428 Kysor Industrial Corp. v. Margoaux, Inc., 674 A.2d 889 (Del. 1996).

429 Brazen v. Bell Atlantic Corp., 695 A.2d 43 (Del. 1997).

Rechte anerkennen.[430] Zumindest in der Kysor-Entscheidung erörtert das Gericht den Konflikt ausdrücklich und erkennt es die vertragsrechtlichen Interessen des Erwerbers an.[431] In einem orbiter dictum erklärt das Gericht sogar, dass, selbst wenn das Board of Directors der Zielgesellschaft seine Treuepflichten verletzt haben sollte, „it does not impact on Kysor's [the acquirer's] action at law for damages due to an alleged breach of contract".[432] Zugleich befinden aber sowohl das Gericht der Kysor-Entscheidung als auch das Gericht der Brazen-Entscheidung, dass die Break-Up Fees zulässig waren.[433] Die Direktoren der Zielgesellschaft verletzten damit durch die Vereinbarung der Break-Up Fees nicht ihre Treue- und Organpflichten. Letzten Endes mussten die Gerichte deshalb nicht über die Gültigkeit der Break-Up Fees entscheiden. Interessanterweise schien das Gericht der Brazen-Entscheidung aber wie selbstverständlich davon auszugehen, dass unzulässige Break-Up Fees zugleich nichtig sind.[434] Ob und inwieweit die Brazen-Entscheidung die Position des Erwerbers stärkt, ist damit fraglich.

In ACE Ltd. deutet *Vice Chancellor Strine* schließlich trotz seiner Befürwortung und Anwendung einer komplexen Analyse, deren Ziel es ist, gesellschafts- und vertragsrechtliche Werte auszutarieren,[435] an, dass die Gerichte Delawares – zumindest als Faustregel – auch in Zukunft unzulässige Deal Protection Devices für nichtig erklären werden.[436] So hat der Delaware Supreme in seiner Omnicare-Entscheindung aus dem Jahre 2003, in der er Deal Protection Devices für gesellschaftsrechtlich unzulässig befand, schlichtweg und ohne weitere Erklärung in einem Satz festgestellt, dass diese Deal Protection Devices unwirksam seien.[437]

Als Zwischenergebnis kann festgehalten werden, dass die Gerichte Delawares, wenngleich sie mittlerweile für den Konflikt zwischen gesellschafts- und vertragsrechtlichen Werten sensibilisiert sind und sie in der Zukunft vielleicht dazu neigen werden, die vertragsrechtliche Position des Erwerbers zu stärken, augenblicklich noch grundsätzlich dabei bleiben, unzulässige Deal Protection Devices für nichtig zu erklären.

---

430 Siehe *Regan*, 21 CARDOZO L. REV. 1, 22 ff.; *Taylor*, 74 TUL. L. REV. 561, 618 ff.

431 Kysor Indus. Corp., 674 A.2d 889, 897.

432 Kysor Indus. Corp., 674 A.2d 889, 897.

433 Kysor Indus. Corp., 674 A.2d 889, 897; Brazen, 695 A.2d 43, 47.

434 Brazen, 695 A.2d 43, 48.

435 ACE Ltd., 747 A.2d 95, 104 ff.

436 ACE Ltd., 747 A.2d 95, 107 ff.

437 Omnicare Inc. v. NCS Healthcare, Inc., 818 A.2d 914, 936 (Del. 2003) („Accordingly, we hold that those deal protection devices are unenforceable").

C. Die Rechtsprechung außerhalb Delawares

In Jewel Cos. v. Pay Less Drug Stores Northwest, Inc.[438] hob der United States Court of Appeals des Ninth Circuit ein Urteil des District Court auf, in dem es hieß, dass ein vom Board of Directors geschlossener Mergervertrag vor der Annahme durch die Aktionäre keine rechtliche Bindung entfalte. Der Entscheidung lag folgender Sachverhalt zugrunde: Jewel Companies, Inc. und Pay Less Drug Stores hatten einen Mergervertrag unterzeichnet, der wechselseitige Best Effort Clauses enthielt.[439] Als ein Konkurrenzbieter, nämlich Pay Less Drug Stores Northwest, Inc. allerdings ein höheres Angebot für Pay Less Drug Stores unterbreitete, nahmen dessen Direktoren Abstand von ihrem strategischen Merger mit Jewel und akzeptierten und empfahlen ihren Aktionären stattdessen, das Angebot des Konkurrenzbieters anzunehmen.[440] Im Gegenzug verklagte Jewel den Konkurrenzbieter wegen Tortuous Interference mit einem Vertrag.[441] Hinsichtlich der Best Efforts Clause stellte der Ninth Circuit fest, dass die Direktoren der Zielgesellschaft dazu befugt gewesen seien, eine solche Vereinbarung abzuschließen,[442] und dass eine solche Vereinbarung einen bindenden und gültigen Vertrag begründe[443]. Jewel wird deshalb oft als Beispiel für eine Entscheidung aufgeführt, in der das Gericht die vertragsrechtlichen Werte über die gesellschaftsrechtlichen gestellt hat.[444] Bemerkenswert ist aber, dass das Gericht weder befand, dass die Direktoren der Zielgesellschaft ihre Treue- und Organpflichten verletzt hätten, als sie der Best Efforts Clause zustimmten, noch dass es darüber entschied, ob die Best Efforts Clause auch dann wirksam gewesen wäre, wenn die Best Efforts Clause in gesellschaftsrechtlich unzulässiger Weise abgeschlossen worden wäre.[445] Die Weigerung, „to decide the question whether upon the unsolicited re-

---

438 Jewel Cos. v. Pay Less Drug Stores Northwest Inc., 741 F.2d 1555 (9th Cir. 1984) (kalifornisches Recht anwendend).

439 Jewel, 741 F.2d 1555, 1557 f. (9th Cir. 1984).

440 Jewel, 741 F.2d 1555, 1558 (9th Cir. 1984).

441 Jewel, 741 F.2d 1555, 1558 (9th Cir. 1984).

442 Jewel, 741 F.2d 1555, 1562 ff. (9th Cir. 1984).

443 Jewel, 741 F.2d 1555, 1564 (9th Cir. 1984). Der Ninth Circuit führte aus, dass „the district court erred in ruling that a merger agreement between boards of directors is of no legal effect prior to shareholder approval".

444 Siehe *Regan*, 21 CARDOZO L. REV. 1, 25; *Taylor*, 74 TUL. L. REV. 561, 581 ff.

445 Der Ninth Circuit führte lediglich aus, dass:
„[w]e do, of course, recognize that a board may not lawfully divest itself of its fiduciary obligations on a contract. However, to permit a board of directors to decide that a proposed merger transaction is in the best interest of its shareholders at a given point in time, and to a degree to refrain from entering into competing contracts until the shareholders consider the proposal, does not conflict in any way with the board's fiduciary obligation".

ceipt of a more favorable offer after signing a merger agreement the board still must recommend to its shareholders that they approve of the initial proposal",[446] macht vielmehr deutlich, dass das Gericht die Frage, ob das Vertragsrecht gegenüber dem Gesellschaftsrecht den Vorrang genießen solle, gerade nicht entscheiden wollte.[447] Die Jewel-Entscheidung wird deshalb hinsichtlich ihrer Bedeutung für den Konflikt zwischen Gesellschafts- und Vertragsrecht überbewertet.

In ConAgra, Inc. v. Cargill, Inc.[448] hatte der Supreme Court von Nebraska einen ganz ähnlichen Fall wie Jewel zu entscheiden. ConAgra, Inc. und MBPLX Corp. hatten sich zu einem Merger entschlossen, und MBPLX hatte einer Best Efforts Clause zugestimmt.[449] Als aber Cargill, Inc. ein besseres Angebot für MBPLX unterbreitete, sagten die Direktoren von MBPLX die Hauptversammlung der Aktionäre ab, in der über den Merger mit ConAgra abgestimmt werden sollte, und empfahlen ihren Aktionären, das Angebot von Cargill anzunehmen.[450] ConAgra verklagte daraufhin MBPLX wegen Vertragsbruchs und Cargill wegen Tortuous Interference mit einem Vertrag.[451] Als der Fall zum Supreme Court von Nebraska kam, entschied dieser:

> When the MBPXL board resolved to cancel the shareholder's meeting at which the ConAgra merger proposal was to have been submitted and instead recommend shareholder acceptance of the cash-out Cargill offer, that was not a breach of the ConAgra merger agreement. Once the directors of MBPLX learned of the competing Cargill offer, the „best efforts" clause on the ConAgra proposal could not relieve the MBPXL directors of their duties to act in the shareholders' best interests. They had an obligation at that point to investigate the competing offer, and if, in the exercise of their independent good faith judgment, they found that the Cargill offer was a better offer for the MBPXL shareholders, they were bound to recommend that better offer.[452]

Der Supreme Court von Nebraska führte weiter aus, dass „there was a continuing fiduciary duty owed by each board of directors to its respective shareholders which could not be contracted away" und dass „[t]o hold otherwise would be to place innocent shareholders of a company at the mercy of corporate

---

Jewel, 741 F.2d 1555, 1563 (9th Cir. 1984).

446 Jewel, 741 F.2d 1555, 1564 n. 13 (9th Cir. 1984).

447 Siehe auch *Regan*, 21 CARDOZO L. REV. 1, 27, der feststellt, dass die Entscheidung des Gerichts zwischen den Zeilen nahelegt, dass die gesellschaftsrechtlichen Werte unter Umständen durchaus schwerer als die vertragsrechtlichen wiegen könnten.

448 ConAgra, Inc. v. Cargill, Inc., 382 N.W.2d 576, 577 (Neb. 1986) (das Recht des Staates Delaware anwendend).

449 ConAgra, 382 N.W.2d 576, 582 (Neb. 1986).

450 ConAgra, 382 N.W.2d 576, 586 (Neb. 1986).

451 ConAgra, 382 N.W.2d 576, 578 (Neb. 1986).

452 ConAgra, 382 N.W.2d 576, 588 (Neb. 1986).

directors whom the shareholders rely upon for candor and fair dealing".[453] Der Supreme Court von Nebraska entschied damit klar und einseitig zugunsten der gesellschaftsrechtlichen Belange. Es ist allerdings bemerkenswert, dass die entscheidungstragende Mehrheit der Richter in der Dissenting Opinion für ihre Ignoranz gegenüber den vertragsrechtlichen Werten in scharfer Form kritisiert wird.[454]

D. Sollten gesellschaftsrechtliche Werte gegenüber vertragsrechtlichen Werten den Vorrang genießen?

Die Frage, ob gesellschaftsrechtliche Werte gegenüber vertragsrechtlichen Werten den Vorrang genießen sollten, ist ebenso eine gesellschaftspolitische wie eine rechtsdogmatische Frage. Sie hängt unmittelbar mit der Vertragsfreiheit und ihren Grenzen und der Frage zusammen, ob es angemessener ist, die Aktionäre der Zielgesellschaft oder die Aktionäre der Bietergesellschaft mit den Kosten unzulässiger Deal Protection Devices zu belasten. Denn das Entlassen der Zielgesellschaft aus ihren vertraglichen Verpflichtungen und der damit bewirkte Schutz der Aktionäre der Zielgesellschaft führt zugleich zu Kosten auf Seiten der Bietergesellschaft und deren Aktionäre. Gleichgültig, ob das Gericht der Bietergesellschaft eine einstweilige Verfügung oder Schadensersatz verweigert, die Bietergesellschaft verliert entweder einen attraktiven Deal oder wird Konkurrenz ausgesetzt und muss infolgedessen ihr Angebot aufbessern.

Befürworter einer Lösung des Konfliktes zugunsten der vertraglichen Belange betonen, dass die Parteien eines Vertrages übereinstimmend eine Risikoverteilung vorgenommen haben.[455] Völlig zu Recht weisen sie darauf hin, dass eine der grundlegenden Funktionen eines Vertrages und des Vertragsrechts darin liegt, es den Vertragsparteien zu ermöglichen, gerade für den Fall unvorhergesehener und ungeahnter Ereignisse eine Risikoverteilung zu treffen.[456] Weiter argumentieren sie, dass jede vertragliche Risikoverteilung überflüssig ist, falls die Gerichte und andere staatliche Institutionen sie nicht anerkennen und notfalls vollstrecken.[457] Schließlich folgern sie, dass die Gerichte die von den Vertragsparteien vereinbarte Risikoverteilung – zumindest im Falle von Deal Protection Devices – deshalb nicht in Frage stellen sollen. Diese letzte Schlussfolgerung ist aber nicht zwingend. Sie beruht auf der Annahme, dass für die Allgemeinheit die Vorteile der

453 ConAgra, 382 N.W.2d 576, 587 (Neb. 1986).
454 ConAgra, 382 N.W.2d 576, 589 (Neb. 1986).
455 Siehe *Taylor*, 74 TUL. L. REV. 561, 579.
456 Siehe *Taylor*, 74 TUL. L. REV. 561, 579.
457 *Taylor*, 74 TUL. L. REV. 561, 579.

Anerkennung und Vollstreckung des in Frage stehenden Vertrages gegenüber den Kosten der Unwirksamkeit des Vertrages überwiegen. Auf Deal Protection Devices bezogen wäre diese Annahme richtig, wenn die Anerkennung unzulässiger Deal Protection Devices gesellschaftspolitisch wertvoller wäre als der Schutz der Aktionäre der Zielgesellschaft. Das aber ist gerade die Ausgangsfrage. Der Ausflug ins Vertragsrecht ist deshalb nur eingeschränkt hilfreich.

Das bessere Argument für die Befürworter einer Lösung des Konflikts zugunsten der vertragrechtlichen Werte wäre, dass eine vertragliche Risikoverteilung nicht nur legitim, sondern in einer Gesellschaft, die wirtschaftlich auf dem Austausch von Produkten und Dienstleistungen beruht und die Planung zukünftiger Transaktionen fördert, geradezu notwendig ist und dass deshalb der getroffenen Risikoverteilung nur unter wenigen, besonderen Umständen die staatliche Anerkennung versagt werden sollte.[458] So ließe sich beispielsweise argumentieren, dass die Gerichte Verträge nur dann nicht anerkennen sollten, wenn deren Vollstreckung eindeutig negative Folgen für die Gesellschaft nach sich ziehen würde, wie zum Beispiel im anerkannten Fall von Verträgen, welche die Begehung von Straftaten zum Inhalt haben. Deal Protection Devices würden diese strengen Kriterien allerdings kaum erfüllen.

Ironischerweise findet sich das beste Argument für eine Lösung des Konfliktes zugunsten der vertragsrechtlichen Wertungen und damit zulasten der gesellschaftsrechtlichen Belange im Gesellschaftsrecht. Dies lässt sich am besten anhand des folgenden erdachten Beispiels veranschaulichen:[459] Die XY-Gesellschaft benötigt dringend ein Stück Land, um eine weitere Produktionsstätte bauen zu können. Die finanziell unerfahrene Witwe Roe möchte ihr Haus und die umliegenden Hektar Land verkaufen. Das Haus und das Land haben einen Marktwert von $ 2,3 Millionen. Das Board of Directors der XY-Gesellschaft und die Witwe Roe schließen einen Kaufvertrag über das Haus und das umliegende Land zu einem Kaufpreis von $ 5 Millionen. Sowohl die Direktoren der XY-Gesellschaft als auch die Witwe Roe waren mit dem Kaufvertrag und -preis zufrieden, und beiden Seiten war die Unangemessenheit des Kaufpreises nicht bewusst. Vier Wochen nach Vertragsschluss, aber noch bevor die Witwe Roe das Grundstück auf die XY-Gesellschaft überschrieben hat, bietet Herr Doe der XY-Gesellschaft ein vergleichbares Grundstück zum Preis von $ 2,3 Millionen an, das er bereits seit drei Monaten zu diesem Preis sowohl in lokalen als auch in regionalen Zeitungen zum Kauf angeboten hat.

---

458 Siehe *Taylor*, 74 TUL. L. REV. 561, 579.

459 Die folgende Überlegung hat Professor Cyril Moscow in einer Diskussion des Problems angestellt. Professor Moscow ist seit 1973 Adjunct Professor an der University of Michigan Law School.

In dem eben dargestellten Beispielsfall haben die Direktoren der XY-Gesellschaft ihre Treue- und Organpflichten verletzt. Die Entscheidung, das Grundstück der Witwe Roe zu einem Preis von $ 5 Millionen zu kaufen ist nicht von der ansonsten anzuwendenden Business Judgment Rule gedeckt, weil die Direktoren es versäumt haben, vor dem Kauf die Immobilienanzeigen in der lokalen und in regionalen Zeitungen zu studieren, und sie deshalb zum Zeitpunkt der Entscheidungsfindung für einen Grundstückskauf nicht ausreichend informiert waren. Dennoch ist die XY-Gesellschaft an den Vertrag mit der Witwe Roe gebunden. Würde die XY-Gesellschaft den Vertrag nicht einhalten, so könnte die Witwe Roe zumindest Schadensersatz und unter Umständen auch die Erfüllung des Vertrages („Specific Performance") verlangen. Der Grund dafür liegt darin, dass die Verletzung der Treue- und Organpflichten durch die Direktoren der XY-Gesellschaft nicht im Verantwortungsbereich der Witwe Roe lag. Diese war nämlich nicht verpflichtet, die Interessen der XY-Gesellschaft zu wahren. Hinzukommt, dass der Witwe Roe der zu hohe Kaufpreis auch nicht bewusst war. In diesem Beispiel wiegen die vertragsrechtlichen Werte also eindeutig schwerer als die gesellschaftsrechtlichen. Die Aktionäre der XY-Gesellschaft werden nicht vor dem Fehlverhalten ihrer Direktoren geschützt, sondern müssen sich bei diesen schadlos halten. Da das eben diskutierte Beispiel eine große Ähnlichkeit mit einem Unternehmenskauf aufweist, bei dem die Direktoren der Zielgesellschaft unzulässigen Deal Protection Devices zugestimmt haben und bei dem dann ein konkurrierender Bieter auftritt, der einen besseren Kaufpreis bietet, stellt sich die Frage, warum Deal Protection Devices anders behandelt werden sollten als der Kaufvertrag mit der Witwe Roe.

Die Gerichte Delawares geben auf diese Frage eine gute Antwort. Sie begründen die unterschiedliche Behandlung des Kaufvertrages mit der Witwe Roe und von Deal Protection Devices mit der unterschiedlichen Natur der Vertragspartner.[460] Eine börsennotierte Gesellschaft, die auf der Käuferseite eines Unter-

---

460 Siehe beispielsweise QVC, 637 A.2d 34, 51. *Chief Justice Veasey* führte in dieser Entscheidung aus:
„Viacom, a sophisticated party with experienced legal and financial advisors, knew of (and in fact demanded) the unreasonable features of the Stock Option Agreement. It cannot be now heard to argue that it obtained vested contract rights by negotiating and obtaining contractual provisions from a board acting in violation of its fiduciary duties."
Siehe auch ACE Ltd., 747 A.2d 95, 109, wo *Vice Chancellor Strine* ausführte:
„As a sophisticated party who bargained for, nay demanded, § 6.3 of the Merger Agreement [the no-talk clause], ACE was on notice of its possible invalidity. This factor therefore cuts against its claim that its contract rights should take precedence over the interests of the Capital Re stockholders who could be harmed by enforcement of § 6.3."

nehmenskaufes auftritt, unterscheide sich in vielerlei Hinsicht grundlegend von der Witwe Roe. Eine börsennotierte Bietergesellschaft sei ein rechtlich versierter und erfahrener Vertragspartner mit Rechtsabteilung und Zugriff auf umfassende Rechtsberatung durch Anwälte. Von einem solchen Geschäftspartner könne – im Unterschied zur Witwe Roe – verlangt werden, dass er erkennt oder herausfindet, ob die Direktoren der Zielgesellschaft den Deal Protection Devices zustimmen dürfen, und damit, ob die Deal Protection Devices zulässig sind.[461] Ein so versierter und erfahrener Geschäftspartner habe den Verstoß der Direktoren der Zielgesellschaft gegen ihre Treue- und Organpflichten gekannt oder hätte ihn zumindest erkennen müssen.[462] Einer solchen Gesellschaft sei die Berufung auf den vertragsrechtlichen Grundsatz der Vertragstreue deshalb verwehrt.

Die Kehrseite dieser Argumentation kommt allerdings zum Vorschein, wenn der eben dargestellte Beispielsfall leicht abgeändert wird. Man stelle sich vor, dass die XY-Gesellschaft das Grundstück nicht von der Witwe Roe, sondern von der KB-Gesellschaft gekauft hat, die auf Immobiliengeschäfte spezialisiert ist und über eine beträchtliche Erfahrung und Expertise auf dem lokalen Immobilienmarkt verfügt. Auf diese Variante angewandt, würde die Argumentation der Gerichte Delawares zu dem Ergebnis führen, dass die XY-Gesellschaft nicht zur Erfüllung des Vertrages mit der KB-Gesellschaft verpflichtet ist, sondern ohne weiteres das Angebot Does annehmen kann. Denn die KB-Gesellschaft ist ein versierter und erfahrener Marktteilnehmer, dessen Direktoren wussten, dass sie die XY-Gesellschaft übervorteilten, und die zumindest hätten erkenne müssen, dass deren Direktoren sich nicht ausreichend über die Preise und Angebote des lokalen Immobilienmarktes informiert hatten, und damit, dass die Direktoren der XY-Gesellschaft ihre Treue- und Organpflichten verletzten. Konsequenterweise würden die Gerichte Delawares der KB-Gesellschaft deshalb die Anerkennung ihres Vertrages mit der XY-Gesellschaft verweigern. Letztlich würde die Argumentation der Gerichte Delawares damit die Regel aufstellen, dass Direktoren erfahrener und versierter Gesellschaften nicht nur darauf bedacht sein müssen, sich selber an die gesellschaftsrechtlichen Regeln zu halten, sondern dass sie zusätz-

---

461 Siehe ACE Ltd., 747 A.2d 95, 105 f.

462 In ACE Ltd., 747 A.2d 95, 106 stellt *Vice Chancellor Strine* fest, dass keine tatsächliche Kenntnis von der Unzulässigkeit der Deal Protection Devices erforderlich ist, sondern dass es ausreicht, wenn der Bieter die Unzulässigkeit hätte erkennen müssen. („[W]ether ACE should have known that § 6.3 [the no-talk clause] was so restrictive that the Capital Re board could not properly agree to it necessarily regulates any examination of its actual operative effect." Der Vice Chancellor führte weiter aus, dass selbst die Kenntnis der „possible, if not likely, invalidity" eines Deal Protection Devices gegen den Anspruch des Bieters sprechen kann. ACE Ltd., 747 A.2d 95, 106 n. 32.

lich darauf achten müssen, dass sich auch ihre ebenso versierten und erfahrenen Vertragspartner im Bereich des gesellschaftsrechtlich Zulässigen bewegen. Eine solche Regel findet im Gesellschaftsrecht des Staates Delaware außerhalb der Deal-Protection-Problematik aber keine Unterstützung. Hinzukommt, dass es äußerst fraglich erscheint, ob von den Direktoren der Bietergesellschaft wirklich verlangt werden kann, darauf zu achten, dass die Direktoren der Zielgesellschaft ihre Treue- und Organpflichten beachten, und damit, dass sie die Interessen der Aktionäre der Zielgesellschaft wahren. Denn Aufgabe der Direktoren der Bietergesellschaft ist es doch gerade, für ihre eigenen Aktionäre den bestmöglichen Deal herauszuschlagen, und somit, Interessen zu verfolgen, die naturgemäß nicht mit denen der Aktionäre der Zielgesellschaft zu vereinbaren sind. Schließlich wäre die praktische Umsetzung einer solchen Regel schwierig. So wäre beispielsweise zu diskutieren, was einen versierten und erfahrenen Marktteilnehmer ausmacht und welche Umstände den Rückschluss zulassen, dass der Bieter die Unzulässigkeit des Deal Protection Devices kannte oder zumindest hätte kennen müssen.

Andererseits steht die Argumentation der Gerichte Delawares aber mit hergebrachten Grundsätzen des Treuhänder- und Vertretungsrechts (Trust and Agency Law) im Einklang, aus denen sie wahrscheinlich auch stillschweigend hergeleitet wurde.[463] Direktoren sind Treuhänder. Genauso wie die Treuhänder eines Trusts den Begünstigten des Trusts verpflichtet sind,[464] obliegen den Direktoren sowohl gegenüber der Gesellschaft als auch gegenüber ihren Aktionären Treuepflichten. Es überrascht deshalb nicht, dass die Gerichte Delawares häufig auf das Treuhänder- und Vertretungsrecht blicken, wenn sie sich mit Fragen der gesellschaftsrechtlichen Treue- und Organpflichten auseinanderzusetzen haben.[465] Nach der Bona Fide Lehre im Treuhänderrecht wird der Käufer einer zum Vermögen des Trusts gehörenden Sache auch dann Eigentümer der Sache, wenn der Verkauf der Sache für den Treuhänder einen Verstoß gegen seine Treuhänderpflichten darstellte, solange dem Käufer nur der Treuebruch des Treuhänders nicht bekannt war und er sich nicht wissentlich an einer unzulässigen Transaktion beteiligte.[466]

---

463 Siehe *Regan*, 21 CARDOZO L. REV. 1, 63 ff. In der ACE-Entscheidung zitiert *Vice Chancellor Strine* den Artikel von *Regan* und verweist explizit auf das Treuhänder- und Vertretungsrecht. ACE Ltd., 747 A.2d 95, 104.

464 Siehe RESTATEMENT (SECOND) OF TRUSTS § 170 (1) (1959). Dort heißt es: „The trustee is under a duty to the beneficiary to administer the trust solely in the interest of the beneficiary."

465 Siehe *Regan*, 21 CARDOZO L. REV. 1, 63.

466 Siehe RESTATEMET (SECOND) OF TRUSTS § 284 (1959). Dort heißt es:
(1) If the trustee in breach of trust transfers trust property to, or creates a legal interest in the subject matter of the trust in, a person who takes for value and without notice of the breach of trust, and who is not knowingly taking part in an

Laut § 297 (a) des Restatement (Second) of Trusts (1959) hat eine Person allerdings bereits dann Kenntnis von dem Treuebruch des Treuhänders, wenn sie „knows or should know of the breach of trust ...“[467]

Im Vertretungsrecht – und ein Board of Directors ist das Vertretungsorgan der Gesellschaft und damit mittelbar der Aktionäre der Gesellschaft –[468] ist der Vertretene grundsätzlich an die durch seinen Vertreter in seinem Namen abgeschlossenen Verträge gebunden.[469] Dieser Regel liegt die Überlegung zugrunde, dass der Vertretene die Möglichkeit gehabt hätte, seinen Vertreter besser auszuwählen oder zu kontrollieren.[470] Außerdem ist es der Vertretene, der sowohl sich selbst als auch seine Vertragspartner der Gefahr eines Missbrauchs der Vertretungsmacht ausgesetzt hat, indem er einen Vertreter bestellt hat. Schließlich ist es der Vertretene, der von der Vertretung und der mit ihr einhergehenden Arbeitsteilung als „Residual Claimant“ profitiert. Von der Regel, nach welcher der Vertreter grundsätzlich für einen Missbrauch der Vertretungsmacht haftet gibt es aber auch Ausnahmen. Hatte der Vertragspartner etwa von dem Missbrauch der Vertretungsmacht durch den Vertreter Kenntnis oder hätte er diese Kenntnis haben müssen, so ist der Vertretene nicht an den Vertrag gebunden.[471] Der Grund für

---

illegal transaction, the latter holds the interest so transferred or created free of the trust, and is under no liability to the beneficiary.

(2) In the Restatement of this Subject such a transferee is called a „bona fide purchaser“.

467 RESTATEMET (SECOND) OF TRUSTS § 297 (a) (1959).

468 Teilweise wird vertreten, dass Direktoren keine Vertreter seien und dass das Vertretungsrecht auf sie deshalb nur analog anzuwenden sei. Siehe *Clark*, Corporate Law, § 3.3, 113 f. (1986); *Regan*, 21 CARDOZO L. REV. 1, 75 f. Diese intellektuelle Spielerei hat aber keine Bedeutung für die Tragfähigkeit des Arguments.

469 Vgl. in diesem Zusammenhang auch die Regeln über die Anscheins- und Duldungsvollmacht. Siehe RESTATEMENT (SECOND) OF AGENCY § 140 (1958), wo es heißt:
The liability of the principal to a third person upon a transaction conducted by an agent, or the transfer of his interests by an agent, may be based upon the fact that:
a) the agent was authorized;
b) the agent was apparently authorized; or
c) the agent had power arising from the agency relation and not dependant upon authority or apparent authority.

470 *Klein/Coffee*, Business Organisation and Finance, S. 14 ff.

471 Siehe *Regan*, 21 CARDOZO L. REV. 1, 83; siehe auch RESTATEMENT (SECOND) OF AGENCY § 166 cmt. a (1958), wo es heißt:
If a person has information which could lead a reasonable man to believe that the agent is violating the orders of the principal or that the principal would not wish the agent to act under the circumstances known to the agent, he cannot subject the principal to liability.
Siehe auch RESTATEMENT (SECOND) OF AGENCY § 27 (1958), wo es heißt:

diese Ausnahme liegt darin, dass ein Vertragspartner, der von dem Missbrauch der Vertretungsmacht wusste oder hätte wissen müssen, nicht auf die Vertretungsmacht und damit den Vertrag vertrauen durfte.[472] Er ist nicht schutzwürdig. Im Vertretungsrecht sind diese Grundsätze längst anerkannt und unstreitig. Ein Konflikt zwischen Werten des Vertretungsrechts und dem Grundsatz des „pacta sunt servanda“ wird nicht diskutiert. Nun ist ein Missbrauch der Vertretungsmacht zwar nicht mit einer Verletzung der Treue- und Organpflichten durch die Direktoren einer Aktiengesellschaft gleichzusetzen.[473] Die dem Vertretungsrecht zugrundeliegenden Überlegungen gelten aber für beide Konstellationen gleichermaßen. Geschäftsherren müssen sich das Verhalten ihrer Vertreter zurechnen lassen und werden durch diese vertraglich gebunden, es sei denn, dass der Vertragspartner nicht schutzwürdig ist, weil er wusste oder hätte wissen müssen, dass der Vertreter im Innenverhältnis zum Geschäftsherrn gegen seine Pflichten verstieß. Die Gerichte Delawares kommen deshalb zum richtigen Ergebnis, wenn sie unzulässige Deal Protection Devices für nichtig erklären. Die bessere Begründung dieser Rechtsprechung liefert aber das Treuhänder- und vor allem das Vertretungsrecht und nicht der Grad an Geschäftserfahrenheit des Geschäftspartners. Die Geschäftserfahrenheit ist allerdings für die Frage bedeutsam, ob der Geschäftspartner um den Verstoß im Innenverhältnis wusste oder hätte wissen müssen. In diesem Sinne sind die Gerichte Delawares auf dem richtigen Weg.

Nicht verkannt werden darf aber, dass die Annahme der Gerichte Delawares, nach der ein versierter und geschäftserfahrener Vertragspartner die Unzulässigkeit des Deal Protection Device kannte oder hätte kennen können und müssen, häufig auf einer Fiktion beruht. Denn allzu oft werden sowohl der Bieter als auch die Zielgesellschaft sich trotz ihrem Zugriff auf rechtliche Beratung hinsichtlich der Zulässigkeit beziehungsweise Unzulässigkeit eines Deal Protection Device

---

[A]pparent authority to do an act is created as to a third person by written or spoken words or any other conduct of the principal which, reasonably interpreted, causes the third person to believe that the principal consents to have the act done on his behalf by the person purporting to act for him.

Siehe schließlich RESTATEMENT (SECOND) OF AGENCY § 49 (1958), wo es heißt:

The rules applicable to the interpretation of authority are applicable to the interpretation of apparent authority except that:

a) manifestations of the principal to the other party to the transaction are interpreted in light of what the other party knows or should have known.

472 *Klein/Coffee*, Business Organisation and Finance, S. 29 f.

473 Direktoren, die unzulässigen Deal Protection Devices zustimmen, sind dazu ermächtigt. Eine Verletzung der Treue- und Organpflichten ruft nicht ohne weiteres die Ultra-Vires-Lehre hervor, nach der Direktoren einer Gesellschaft nur zu den Geschäften ermächtigt sind, die dem Gesellschaftszweck entsprechen.

unsicher sein oder die Problematik überhaupt nicht erkennen. Hinter der strengen Behandlung der Bieter durch die Gerichte Delawares mag sich in Wirklichkeit eine Wertung verbergen, der zufolge die Aktionäre der Zielgesellschaft mehr Schutz verdienen als die Aktionäre der Bietergesellschaft.

Diese Erklärung führt wieder zu der Ausgangsfrage zurück, ob die Nichtigkeit unzulässiger Deal Protection Devices rechts- und gesellschaftspolitisch wünschenswert ist. Die Suche nach einer Antwort erfährt durch einen kurzen Blick auf das EG-Recht zu unzulässigen Subventionen neue Impulse. Die Nichtigkeit unzulässiger Deal Protection Devices und die Fiktion, dass der Bieter um die Unzulässigkeit wusste oder hätte wissen müssen, erinnern an die Rechtsprechung zu EG-rechtlich unzulässigen Subventionen. Zwecks Herstellung gleicher Wettbewerbsbedingungen auf dem gemeinsamen Markt bestimmt Art. 93 des EG-Vertrages, dass Mitgliedstaaten die Zustimmung der Kommission einholen müssen (die sogenannte Notifikation), bevor sie eine Subvention gewähren. Kommt ein Mitgliedstaat dieser Pflicht nicht nach, so ist der Mitgliedstaat nach EG-Recht verpflichtet, die bereits gewährte Subvention vom Empfänger zurückzuverlangen. Dies wird damit begründet, dass der Empfänger geschäftserfahren sei und deshalb das Notifikationserfordernis und damit die Unzulässigkeit der Subvention kannte oder hätte kennen müssen. Genau wie im Zusammenhang mit der Deal-Protection-Problematik ist die Annahme der Kenntnis beziehungsweise des Kennenmüssens der Unzulässigkeit der Subvention oft aber nur eine Fiktion. Denn zum einen handelt es sich bei den Empfängern von Subventionen nicht immer um große internationale Konzerne, sondern häufig auch um kleine mittelständische Unternehmen, und zum anderen kann von dem Empfänger nicht verlangt werden, dass er die Zulässigkeit einer Subvention besser beurteilen kann als die Verwaltungsbehörde des Mitgliedstaates, der die Subvention gewährt hat. Die ehrlichere Erklärung für die harte Behandlung der Empfänger von unzulässigen Subventionen ist deshalb, dass der Herstellung gleicher Wettbewerbsbedingungen auf dem Gemeinsamen Markt mehr Gewicht beigemessen wird als dem Vertrauensschutz des Empfängers. Das Bundesverwaltungsgericht hat in diesem Zusammenhang ausgeführt, dass der Vertrauensschutz zwar grundsätzlich nur dann zurücktrete, wenn die Partei, die sich auf ihn berufe, die Rechtswidrigkeit des Vertrages oder Verwaltungsaktes entweder gekannt oder grob fahrlässig nicht gekannt habe.[474] Wäge man das schutzwürdige Vertrauen des Empfängers einer unzulässigen Subvention aber gegen das außerordentlich wichtige öffentliche Interesse an gleichen Wettbewerbsbedingungen auf dem Gemeinsamen Markt ab, so müsse der

474 BVerwGE 92, 81.

Vertrauensschutz zurücktreten.[475] Auf die Deal Protection Problematik bezogen, leitet diese Erklärung in die Frage über, ob die grundsätzliche Nichtigkeit unzulässiger Deal Protection Devices und damit der Schutz der Aktionäre der Zielgesellschaft vor einem Verstoß ihrer Direktoren gegen ihre Treue- und Organpflichten einem außerordentlich wichtigen öffentlichen Interesse dient.[476]

In jüngerer Zeit haben die Skandale um Enron, Tyco International, Xerox oder MCM WorldCom gezeigt, dass der Verlust an Vertrauen in die redliche Unternehmensführung von Aktiengesellschaften sich sehr negativ auf den Aktien- und Kapitalmarkt auswirkt. Dies wiederum wirkt sich negativ auf die Gesamtwirtschaft aus. Ein Aktiencrash führt zu Unsicherheit bei den Anlegern, zu vermindertem Konsum und schließlich möglicherweise zu einer Rezession. Das Vertrauen der Investoren in den Kapitalmarkt mag deshalb ein wichtiges oder gar außerordentlich wichtiges öffentliches Interesse darstellen. Die Frage bleibt aber, ob eine Bevorzugung der Aktionäre der Zielgesellschaft zum Nachteil der Aktionäre der Bietergesellschaft diesem Interesse dienlich ist. Denn die Aktionäre der Bietergesellschaft sind ebenfalls Aktionäre, die nicht gerne geprellt werden und die sich gegebenenfalls vom Kapitalmarkt verabschieden können. Die Frage ist damit, ob das Vertrauen der Investoren in den Kapitalmarkt eher dadurch gestärkt wird, dass die Aktionäre der Zielgesellschaft vor einem Verstoß ihrer Direktoren gegen ihre Treue- und Organpflichten geschützt werden, oder dadurch, dass die Gerichte das Vertrauen der Aktionäre der Bietergesellschaft in den Vertrag mit der Zielgesellschaft schützen, indem sie diesen anerkennen.

Die augenblickliche Unsicherheit vieler Investoren hat viele Gründe. Zu ihnen gehören Bilanzen, die nach unzulässigen Bilanzierungsmethoden aufgestellt worden sind, und betrügerische Aktienempfehlungen. Ein weiterer Grund, der von den Medien besonders aufgegriffen worden ist, ist aber die Erkenntnis, dass Direktoren, Vorstände und Aufsichtsratsmitglieder nicht immer ausschließlich zum Wohle der Gesellschaft und ihrer Aktionäre handeln, sondern sich stattdessen von ihren eigenen Interessen leiten lassen. In diese Kategorie von Gründen für den Vertrauensverlust fallen exzessive Vergütungen für Direktoren, Vorstände und Aufsichtratmitglieder, insbesondere in Form von Aktienoptionen. Ebenso

---

475 BVerwGE 92, 81. Diese Rechtsprechung wird außerdem damit begründet, dass die Mitgliedstaaten sonst allzu sehr versucht wären, ihre eigene Wirtschaft mittels unzulässiger Subventionen zu fördern.

476 Ein weiteres Mal drängt sich auch ein Vergleich mit dem amerikanischen Verfassungsrecht auf. Genauso wie die verschiedenen Grade der Durchbrechung der Equal Protection Klausel entweder einen vernünftigen, wichtigen oder zwingenden Grund des Allgemeinwohls erfordern, ließe sich argumentieren, dass die Missachtung vertragsrechtlicher Grundsätze zugunsten gesellschaftsrechtlicher Belange einen wichtigen oder sogar einen zwingenden Grund des Allgemeinwohls erfordert.

hierher gehören Insidertrading oder astronomische Abfindungssummen, insbesondere im Zusammenhang mit einer Übernahme. Der Schutz der Investoren vor eigensüchtigen und unloyalen Managern scheint deshalb für das Vertrauen der Investoren in den Kapitalmarkt ein bedeutsamer Faktor zu sein.

Was Deal Protection betrifft, so ist die Gefahr, durch auf den eigenen Vorteil bedachte Direktoren geprellt zu werden, für die Aktionäre der Zielgesellschaft deutlich größer als für die Aktionäre der Bietergesellschaft. Fast immer sind es nämlich die Direktoren der Zielgesellschaft, die in einer Übernahmesituation um ihre Posten bangen und die deshalb versucht sein können, dem Bieter Deal Protection Devices im Austausch gegen attraktive Positionen oder üppige Vergütungen einzuräumen. Die Direktoren der Bietergesellschaft hingegen werden unzulässigen Deal Protection Devices nur zustimmen, wenn sie überzeugt sind, dass diese im Interesse ihrer Gesellschaft liegen.[477] Es ist nämlich nicht ersichtlich, wie die Direktoren der Bietergesellschaft persönlich von einer unzulässigen Deal Protection profitieren könnten.[478] Nach dem geltenden Recht des Staates Delaware mögen die Direktoren der Bietergesellschaft fahrlässig handeln, wenn sie eine Deal Protection Vereinbarung treffen, ohne ausreichend über deren rechtliche Voraussetzungen informiert zu sein, und mag ihnen deshalb der Schutz der Business Judgment Rule verwehrt bleiben. Man wird ihnen aber nicht unterstellen, aus eigensüchtigen Motiven gehandelt zu haben. Auf der anderen Seite werden die Direktoren der Zielgesellschaft, die unzulässige Deal Protection Devices vereinbaren, immer dem Verdacht eines Handelns zum eigenen Vorteil ausgesetzt sein. Insoweit besteht zumindest in der Wahrnehmung der Öffentlichkeit zwischen einer Vereinbarung unzulässiger Deal Protection Devices durch die Direktoren der Bietergesellschaft und der gleichen Vereinbarung durch die Direktoren

477 Dies kann beispielsweise der Fall sein, wenn die Direktoren hoffen, dass es nicht zu einer gerichtlichen Überprüfung kommen wird oder dass die Unzulässigkeit der Deal Protection nicht erkannt wird.

478 Natürlich profitieren nicht selten auch die Direktoren der Bietergesellschaft beispielsweise über Stock Options persönlich von einer Transaktion. Diesem Vorteil steht aber kein Nachteil der Aktionäre gegenüber. Vielmehr ist er Ausfluss der Koppelung der Vergütung des Managements an den Aktienkurs. Auch sei erwähnt, dass einige Autoren der Auffassung sind, dass Direktoren der Bietergesellschaft häufig aus finanziellen und psychologischen Gründen dazu neigen, ihr „Reich" zu erweitern, obwohl dies ökonomisch nicht gerechtfertigt ist. Siehe beispielsweise *Fanto*, 62 OHIO St. L. J. 1333 (2001). Diese Gefahr für die Aktionäre entsteht aber nicht durch die Vereinbarung von Deal Protection Devices und kann deshalb weder durch eine Rechtsprechung, die unzulässige Deal Protection Devices für nichtig erklärt, noch durch eine, die unzulässige Deal Protection Devices aufrechterhält, gebannt werden. Ist der gebotene Preis nämlich zu hoch, so werden die Aktionäre der Zielgesellschaft das Angebot ohnehin liebend gern annehmen, so dass es einer Deal Protection nicht bedarf.

der Zielgesellschaft ein qualitativer Unterschied. Vereinbaren Direktoren der Zielgesellschaft unzulässige Deal Protection Devices, so schockiert dies die Investoren deutlich mehr als eine solche Vereinbarung durch die Direktoren der Bietergesellschaft. Die Nichtigkeit unzulässiger Deal Protection Devices fördert deshalb das Vertrauen der Investoren und der Öffentlichkeit in den Aktien- und Kapitalmarkt und ist mithin rechts- und gesellschaftspolitisch wünschenswert.

Es soll aber nicht unerwähnt bleiben, dass, falls die Gerichte Delawares die widerstreitenden Interessen neu bewerten und nunmehr den Interessen des Bieters mehr Beachtung schenken sollten, sie lediglich strengere Anforderungen an die Kenntnis beziehungsweise das Kennenmüssen der Unzulässigkeit des Deal Protection Device stellen müssten, um systemimmanent und ohne dogmatische Schwierigkeiten andere Ergebnisse zu erzielen.

Schließlich soll noch ein praktisches, aber gleichwohl wichtiges und überzeugendes Argument für die Nichtigkeit unzulässiger Deal Protection Devices erwähnt werden. Die ausnahmslose Nichtigkeit unzulässiger Deal Protection Devices beraubt den Bieter jeden Schutzes. Die Nichtigkeit seiner Deal Protection ist sein Alptraum. Die strenge Behandlung unzulässiger Deal Protection Devices kann den Bieter deshalb dazu bewegen, von vornherein bescheiden zu sein und nur auf zulässige Deal Protection Devices zu drängen. Denn an einer einschneidenden, aber nichtigen Deal Protection gemessen, ist eine moderate, dafür aber wirksame Deal Protection vorzugswürdig. Die kategorische Nichtigkeit unzulässiger Deal Protection Devices ist deshalb vielleicht das wirksamste Mittel, um ihnen vorzubeugen.

E. Zusammenfassung

Die Rechtsprechung der Gerichte Delawares, wonach unzulässige Deal Protection Devices nichtig sind, ist nicht absurd. Sie stimmt vielmehr mit den hergebrachten Grundsätzen des Vertretungsrechts überein und ist auch rechts- und gesellschaftspolitisch vernünftig. Sollten die Gerichte Delawares es allerdings eines Tages für erforderlich halten, einen ausgeglicheneren Standpunkt einzunehmen und die Interessen der Bieters stärker zu würdigen, so wäre ihnen das nach ihrem dogmatischen Ansatz möglich. Sie müssten lediglich die Voraussetzungen an die Kenntnis beziehungsweise das Kennenmüssen des Bieters von der Unzulässigkeit des Deal Protection Device verschärfen.

V. Die Folgen unzulässiger No-Shop-Vereinbarungen nach deutschem Recht

Nachdem festgestellt worden ist, dass die Nichtigkeit unzulässiger No-Shop-Vereinbarungen rechtspolitisch wünschens- und erstrebenswert ist, stellt sich die Frage, ob sie sich auch aus dem deutschen Recht ergibt. Sie könnte aus den §§ 134, 138, 242 BGB folgen.

A. § 134 BGB

Gemäß § 134 BGB ist ein Rechtsgeschäft, das gegen ein gesetzliches Verbot verstößt, nichtig, wenn sich nicht aus dem Gesetz ein anderes ergibt. Verbotswidrig muss aber das Rechtsgeschäft sein. Es reicht nicht, dass das Rechtsgeschäft auf verbotswidrige Weise zustandegekommen ist. Eine Nichtigkeit unzulässiger No-Shop-Vereinbarungen nach § 134 BGB scheitert deshalb daran, dass der Vorstand einer Zielgesellschaft, der eine aktienrechtlich unzulässige No-Shop-Vereinbarung trifft, zwar gegen seine Organpflichten aus den §§ 76, 93 AktG verstößt, dass aber die No-Shop-Vereinbarung selbst nicht gesetzlich untersagt ist. Der Abschluss einer unzulässigen No-Shop-Vereinbarung stellt eine Verletzung des Innenverhältnisses zwischen dem Vorstand auf der einen und der Gesellschaft und den Aktionären auf der anderen Seite dar. Verstöße im Innenverhältnis begründen eine Schadensersatzpflicht (§ 93 Abs. 2 AktG), führen aber auch dann nicht zur Unwirksamkeit des Rechtsgeschäfts, wenn das Innenverhältnis gesetzlich ausgestaltet ist.

B. §§ 138, 242 BGB

Die Nichtigkeit unzulässiger No-Shop-Vereinbarungen könnte sich aus den §§ 138, 242 BGB ergeben. Unzulässige No-Shop-Vereinbarungen könnten sittenwidrig oder die Rechtsausübung aus ihnen könnte unzulässig sein. Die Anknüpfungspunkte für eine derartige Betrachtung sind zum einen die Stellung des Vorstands als Vertretungsorgan der Gesellschaft (§ 78 Abs. 1 AktG) und zum anderen der Umstand, dass der Vorstand mit einer gesellschaftsrechtlich unzulässigen No-Shop-Vereinbarung notwendigerweise seine Befugnisse im Innenverhältnis zu seiner Gesellschaft und zu seinen Aktionären überschreitet.

Überschreitet ein Vertretungsorgan wie der Vorstand einer Aktiengesellschaft seine Befugnisse im Innenverhältnis, so wirkt sich dieser Umstand im Außenverhältnis grundsätzlich nicht aus.[479] Ein Fehlverhalten des Vertretungsorgans im Innenverhältnis fällt grundsätzlich in den Risikobereich des Vertretenen.[480] Verträge, deren Abschluss das Innenverhältnis zwischen Vertreter und Vertretenem verletzen, sind daher grundsätzlich wirksam.[481] Die Rechtsprechung hat aber zwei Ausnahmen von dieser Regel entwickelt.[482] Die eine betrifft das arglistige Zusammenwirken von Vertreter und Vertragspartner zum Nachteil des Vertretenen (Kollusion), die andere den für den Vertragspartner offensichtlichen Missbrauch der eingeräumten Befugnisse durch den Vertreter (offensichtlicher Missbrauch).[483]

1. Kollusion zwischen Vertreter und Vertragspartner

Wirken der Vertreter und der Kontrahent bewusst zum Nachteil des Vertretenen zusammen, so ist das Rechtsgeschäft sittenwidrig und damit gemäß § 138 Abs. 1 BGB nichtig.[484] Falls also der Vorstand einer Zielgesellschaft und der Bieter die Zielgesellschaft und deren Aktionäre bewusst durch den Abschluss einer unzulässigen No-Shop-Vereinbarung schädigen, so ist diese nichtig. Lässt sich der Vorstand einer Zielgesellschaft für eine aktienrechtlich unzulässige No-Shop-Vereinbarung beispielsweise persönliche Vorteile wie etwa eine hohe Abfindung oder einen attraktiven Anstellungsvertrag versprechen, so entfaltet die No-Shop-Vereinbarung keine rechtliche Wirkung. Die krassen Fälle unzulässiger No-Shop-Vereinbarungen werden damit von § 138 Abs. 1 BGB erfasst.

Wenngleich die an eine Kollusion geknüpfte Nichtigkeit der Vereinbarung die Zielgesellschaft und deren Aktionäre zumindest abstrakt vor den gravierends-

---

479 *Schramm* in MünchKomm, BGB, § 164 Rz. 105; *Larenz/Wolf*, Allgemeiner Teil des Bürgerlichen Rechts, § 46 Rz. 139.

480 BGH NJW 1966, 1911; BGH NJW 1985, 2409, 2410; BGH NJW 1994, 2082, 2083; BGH NJW 1995, 250, 251; BGH NJW 1999, 2882, 2883; BGH, Urteil vom 15. Juni 2004 – XI ZR 220/03; Palandt/*Heinrichs*, BGB, § 164 Rz. 13; *Schramm* in MünchKomm, BGB, § 164, Rz. 106; *Larenz/Wolf*, Allgemeiner Teil des Bürgerlichen Rechts, § 46 Zz. 139.

481 *Schramm* in MünchKomm, BGB, § 164, Rz. 105; *Larenz/Wolf*, Allgemeiner Teil des Bürgerlichen Rechts, § 46 Rz. 139.

482 Palandt/*Heinrichs*, BGB, § 164, Rz. 13.

483 Palandt/*Heinrichs*, BGB, § 164, Rz. 13f.; Staudinger/*Schilken*, BGB, § 167, Rz. 93 ff.

484 BGH NJW 1989, 26; Palandt/*Heinrichs*, BGB, § 164, Rz. 13; Staudinger/*Schilken*, BGB, § 167 Rz. 93; *Schramm* in MünchKomm, BGB, § 164 Rz. 107.

ten Pflichtverletzungen des eigenen Vorstands schützt, dürfte den Kollusionsfällen nur eine geringe praktische Bedeutung zukommen. Denn ein bewusstes Zusammenwirken von Vorstand der Zielgesellschaft und Bieter zum Nachteil der Zielgesellschaft und ihrer Aktionäre wird sich nur in den seltensten Fällen nachweisen lassen. Die angestrebte allgemeine und grundsätzliche Nichtigkeit unzulässiger No-Shop-Vereinbarungen kann man aus der auf Extremfälle zugeschnittenen Rechtsprechung zur Kollusion nicht herleiten.

2. *Offensichtlicher Missbrauch der Vertretungsmacht*

Hat der Geschäftspartner, ohne mit dem Vertreter kollusiv zusammenzuwirken, Kenntnis davon, dass der Vertreter durch den Abschluss des Vertrages sein Innenverhältnis zum Vertretenen verletzt, oder hätte er diese Kenntnis haben müssen, so ist es ihm nach ständiger Rechtsprechung verwehrt, die Erfüllung des Vertrages zu verlangen.[485] Die Kenntnis oder das Kennenmüssen vom Pflichtverstoß des Vertreters im Innenverhältnis begründet für den Vertretenen den Einwand der unzulässigen Rechtsausübung nach § 242 BGB.[486] Auf No-Shop-Vereinbarungen bezogen bedeutet dies, dass die Zielgesellschaft faktisch nicht an eine erkennbar unzulässige No-Shop-Vereinbarung gebunden ist. Verstöße gegen die Vereinbarung ziehen keine Sanktionen nach sich. Für den Bieter auf der anderen Seite bedeutet die Unzulässigkeit seiner Rechtsausübung, dass er genauso schutzlos dasteht, wie wenn er überhaupt keine No-Shop-Vereinbarung getroffen hätte. Die Unzulässigkeit der Rechtsausübung versetzt damit sowohl die Zielgesellschaft und ihre Aktionäre als auch den Bieter in eine ähnliche Lage wie die Nichtigkeit einer No-Shop-Vereinbarung nach § 138 Abs. 1 BGB.

Hinter der Rechtsprechung des BGH zum offensichtlichen Missbrauch der Vertretungsmacht steht die Überlegung, dass ein Vertragspartner, der den Verstoß des Vertreters im Innenverhältnis zu seinem Geschäftsherrn kannte oder kennen musste, in seinem Vertrauen auf die Wirksamkeit des Geschäfts nicht schutzwürdig ist.[487] Zum Teil wird deshalb auch vorgeschlagen, die Fälle der

---

485 BGH WM 1980, 953, 954; BGH NJW 1985, 2409, 2410; BAG NJW 1997, 1940, 1941 f.; Palandt/*Heinrichs*, BGB, § 164, Rz. 14; Staudinger/*Schilken*, BGB, § 167 Rz. 94.

486 BGH WM 1980, 953, 954; BAG NJW, 1940, 1941 f.; Palandt/*Heinrichs*, BGB, § 164, Rz. 14; Staudinger/*Schilken*, BGB, § 167 Rz. 94; *Larenz/Wolf*, Allgemeiner Teil des Bürgerlichen Rechts, § 46, Rz. 141.

487 BGHZ 113, 315, 320; BGH NJW, 1984, 1461, 1462; BGH NJW 1988, 3012, 3013, BGH NJW 1991, 1812, 1813; *Larenz/Wolf*, Allgemeiner Teil des Bürgerlichen Rechts, § 46, Rz. 141.

Kenntnis des Geschäftspartners von einem Verstoß des Vertreters im Innenverhältnis nicht über die unzulässige Rechtsausübung nach § 242 BGB, sondern über das Vertretungsrecht zu lösen.[488] Da der Geschäftspartner nicht schutzwürdig sei, gebühre ihm auch nicht der Schutz des im Vertretungsrecht grundsätzlich geltenden Abstraktionsprinzips, nach dem streng zwischen Innen- und Außenverhältnis zu trennen ist.[489]

Die Begründung der deutschen Rechtsprechung zum Missbrauch der Vertretungsmacht stimmt damit mit derjenigen des Delaware Court of Chancery für die Nichtigkeit gesellschaftsrechtlich unzulässiger No-Shop-Vereinbarungen überein. Erinnert man sich daran, dass die Rechtsprechung des Delaware Court of Chancery zu unzulässigen No-Shop-Vereinbarungen sich dogmatisch ebenfalls aus dem Vertretungsrecht herleitet,[490] so überrascht diese Feststellung nicht. Sowohl der BGH als auch der Delaware Court of Chancery verweigern demjenigen Vertragspartner Vertrauensschutz, der kein Vertrauen hatte oder haben durfte, weil er wusste oder hätte wissen müssen, dass der Vertreter seine Befugnisse im Innenverhältnis überschritt.

So sehr der vom BGH und dem Delaware Court of Chancery herangezogene Grundsatz, dass derjenige, der die Pflichtverletzung des Vertreters im Innenverhältnis kennt, keinen Schutz verdient, anerkannt ist und dem allgemeinen Gerechtigkeitsempfinden entspricht, so schwierig ist seine Konkretisierung im Hinblick darauf, welche Anforderungen an die Kenntnis oder das Kennenmüssen des Vertragspartners von der Überschreitung der Befugnisse des Vertreters zu stellen sind.

Es ist bereits dargelegt worden, dass der Delaware Court of Chancery die Bieter zugunsten der Aktionäre der Zielgesellschaft sehr streng behandelt.[491] Nicht nur die positive Kenntnis des Bieters, sondern auch das Kennenmüssen der gesellschaftsrechtlichen Unzulässigkeit einer No-Shop-Vereinbarung führt zu deren Nichtigkeit.[492] Verschärft wird diese Rechtsprechung noch dadurch, dass dem geschäftserfahrenen Bieter mit Zugriff auf umfassende und hochwertige Rechtsberatung die Kenntnis oder zumindest das Kennenmüssen von der Unzulässigkeit der No-Shop-Vereinbarung kategorisch und unwiderlegbar unterstellt wird. Unzulässige No-Shop-Vereinbarungen sind deshalb nach dem Recht des Staates Delaware immer nichtig. Dass die Rechtsprechung des Delaware Court of Chancery

488 Staudinger/*Schilken*, BGB, § 167, Rz. 95 mit weiteren Nachweisen.
489 Staudinger/*Schilken*, BGB, § 167, Rz. 95.
490 Siehe oben unter IV.D.
491 Siehe oben unter IV.A.
492 ACE Ltd. v. Capital Re Corp., 747 A.2d 95, 108 (Del. Ch. 1999).

die Anforderungen an den Bieter überspannt und letztlich auf einer Fiktion beruht, ist bereits ausgeführt worden.[493]

Die Rechtsprechung des BGH zum Missbrauch der Vertretungsmacht ist kontrahentenfreundlicher. Zwar stellt auch der BGH darauf ab, ob der Geschäftspartner um die Überschreitung der Befugnisse durch den Vertreter wusste oder hätte wissen müssen. Grundsätzlich gilt aber, dass der Geschäftspartner auf die Befugnis des Vertreters zur Vornahme des Geschäfts vertrauen darf. Nur ausnahmsweise weicht der BGH von diesem Grundsatz ab. Die Anforderungen, die er dabei an ein Kennenmüssen der Pflichtverletzung im Innenverhältnis durch den Vertreter gestellt hat, unterlagen dabei dem Wandel der Zeit. Während nach früheren Entscheidungen des BGH einfaches Verschulden auf Seiten des Geschäftpartners ausreichten sollte,[494] stellte der BGH in späteren Entscheidungen darauf ab, ob es sich dem Geschäftspartner geradezu aufdrängen musste, dass der Vertreter seine Vertretungsmacht überschritt.[495] Im letzten Jahrzehnt hat sich das Schlagwort der objektiven Evidenz des Vollmachtsmissbrauchs durchgesetzt.[496] Eine Pflicht zur Prüfung der Befugnisse des Vertreters trifft den Vertragspartner nach ständiger Rechtsprechung nicht.[497]

Überträgt man die Grundsätze der Rechtsprechung des BGH zum Missbrauch der Vertretungsmacht auf unzulässige No-Shop-Vereinbarungen, so lässt sich kaum eine Nichtigkeit der Vereinbarung oder eine Unzulässigkeit der Rechtsausübung des Geschäftspartners begründen. Denn dass sich diesem die Überschreitung der gesellschaftsrechtlichen Befugnisse des Vorstands der Zielgesellschaft geradezu aufdrängen musste oder dass sie objektiv evident war, wird man auch im deutschen Recht bei realistischer Betrachtungsweise in der Regel nicht behaupten können. Erschwerend kommt noch hinzu, dass der BGH bei gesetzlich unbeschränkter Vertretungsmacht wie etwa der eines Vorstands (vgl. § 82 AktG) die Regeln über den Missbrauch der Vertretungsmacht nur dann anwenden will, wenn der Vertreter bewusst zum Nachteil des Vertretenen gehandelt hat.[498] Im

493 Siehe oben unter IV.D.

494 BGHZ 50, 112, 114; *Schramm* in MünchKomm, BGB, § 164, Rz. 110.

495 BGH NJW 1984, 1461, 1462; BGH NJW 1990, 384, 385; BGH NJW 1991, 1812, 1813; *Schramm* in MünchKomm, BGB, § 164, Rz. 110.

496 BGH NJW 1994, 2082, 2083; BGH NJW 1995, 250, 251; BGH NJW 1999, 2883; BGH, Urteil vom 15. Juni 2004 – XI ZR 220/03; Palandt/*Heinrichs*, BGB, § 164 Rz. 14; *Schramm* in MünchKomm, BGB, § 164 Rz. 110.

497 BGH NJW 1994, 2082, 2083; BGH NJW 1995, 250, 251; BGH NJW 1999, 2883; BGH, Urteil vom 15. Juni 2004 – XI ZR 220/03.

498 BGHZ 50, 112, 114; BGH NJW 1990, 384, 385; abweichend allerdings wohl BGH NJW 1984, 1461, 1462; gegen die Rechtsprechung des BGH mit Recht Soergel/*Leptin*, § 177, Rz. 17; *Schramm* in MünchKomm, BGB, § 164, Rz. 113; *Flume*,

Falle einer gesetzlich unbeschränkten Vertretung stellt er damit besonders hohe Anforderungen an die Unzulässigkeit der Rechtsausübung.[499]

Letztlich ist einzugestehen, dass die von der deutschen Rechtsprechung zum Missbrauch der Vertretungsmacht entwickelten Grundsätze eine Nichtigkeit unzulässiger No-Shop-Vereinbarungen beziehungsweise eine Unzulässigkeit der Rechtsausübung nicht hergeben. Aus den bereits dargestellten Gründen ist das rechtspolitisch bedauerlich.[500] Den Ansatzpunkt für eine strengere Behandlung des Bieters könnten aber auch nach deutschem Recht dessen Geschäftserfahrung und Zugriff auf eine umfassende rechtliche Würdigung einer No-Shop-Vereinbarung bilden. Das in der Rechtsprechung zum Missbrauch der Vertretungsmacht entwickelte Kriterium der objektiven Evidenz des Missbrauchs müsste dann im Zusammenhang mit No-Shop-Vereinbarungen durch eine subjektive Evidenz ersetzt werden. Zu fragen wäre, ob sich die Unzulässigkeit der No-Shop-Vereinbarung für den jeweiligen Bieter aufgrund seiner Erfahrung und unter Berücksichtigung der ihm zur Verfügung stehenden und in Anspruch genommenen rechtlichen Beratung aufdrängen musste. Nach der hier vertretenen Ansicht gebieten es Gesichtspunkte des Anlegerschutzes und -vertrauens aber darüber hinaus, dem Bieter hinsichtlich der Zulässigkeit einer No-Shop-Vereinbarung eine Prüfungspflicht aufzuerlegen. Die hier befürwortete grundsätzliche Nichtigkeit unzulässiger No-Shop-Vereinbarungen beziehungsweise die Unzulässigkeit der Rechtsausübung aus ihnen wird man indessen selbst mit einer Prüfungspflicht des Bieters nicht begründen können. Denn es wird immer Fälle geben, in denen auch der sorgfältigste Bieter die Überschreitung der Befugnisse im Innenverhältnis durch den Vorstand der Zielgesellschaft aus dem Bieter eventuell nicht einmal bekannten Umständen oder auch nur aufgrund einer unklaren Rechtslage – man denke etwa an Angebote mit einer aus Cash und Aktien gemischten Gegenleistung – nicht erkennen konnte oder vernünftigerweise erkennen musste.[501] Auch im deutschen Recht ist die Kenntnis beziehungsweise das Kennenmüssen des Bieters von der Unzulässigkeit der No-Shop-Vereinbarung deshalb zu fingieren. Aus Gründen des Schutzes des Vertrauens in den deutschen Kapitalmarkt erscheint eine solche Fiktion gerechtfertigt und angemessen.

Allgemeiner Teil des Bürgerlichen Rechts, II § 45 II 3 a.E.; *Medicus*, Allgemeiner Teil des BGB, Rz. 968.

499 Vgl. allerdings *Medicus*, Allgemeiner Teil des BGB, Rz. 968, der zutreffend feststellt, dass man ohnehin schwerlich eine Evidenz des Missbrauchs annehmen kann, wenn selbst der Vertreter den Missbrauch nicht erkannt hat.

500 Siehe oben unter IV.D.

501 Vgl. auch schon die Ausführungen hierzu oben unter IV.D.

Literaturverzeichnis

Adams, Michael: Was spricht gegen eine unbehinderte Übertragbarkeit der in Unternehmen gebundenen Ressourcen durch ihre Eigentümer?, AG 1990, 243

Alexander, Frederick H.: Reining in Good Intentions: Common Law Protections of Voting Rights, 26 (2001) DEL. J. CORP. L., 897

Allen, William T.: Our Schizophrenic Conception of the Business Corporation, 14 (1992) CARDOZO L. REV., 261

Allen, William T.: Understanding Fiduciary Outs: The What and the Why of an Anomalous Concept, 55 (2000) BUS. LAW., 653

Allen, William T./Jacobs, Jack B./Strine, Leo E., Jr.: Function Over Form: A Reassessment of Standards of Review in Delaware Corporation Law, 56 (2001) BUS. LAW., 1287

Assmann, Heinz-Dieter/Bozenhardt, Friedrich: Übernahmeangebote als Regelungsproblem zwischen gesellschaftsrechtlichen Normen und zivilrechtlichen begründeten Verhaltensgeboten, in: Assmann, Heinz-Dieter/Basaldua, Nathalie/Bozenhardt, Friedrich/Peltzer, Martin, Übernahmeangebote, ZGR-Sonderheft 9, Berlin und New York, 1990, S. 1

Aubel, Thomas van: Vorstandspflichten bei Übernahmeangeboten, Dissertation München, 1995

Bainbridge, Stephen M.: Exclusive Merger Agreements and Lock-Ups in Negotiated Corporate Acquisitions, 75 (1990) MINN. L. REV., 239

Balotti, R. Franklin/Sparks, A. Gilchrist, III: Deal Protection and the Merger Recommendation, 96 (2002) NW. U. L. REV., 467

Banerjea, Robert: Der Schutz von Übernahme- und Fusionsplänen, Überlegungen zur Zulässigkeit und Gestaltung sog. Deal-Protection-Abreden, DB 2003, 1489

Baums, Theordor (Hrsg.): Bericht der Regierungskommission Corporate Governance, 2001

Bayer, Walter: Vorsorge- und präventive Abwehrmaßnahmen gegen feindliche Übernahmen, ZGR 2002, 588

Bayer, Walter: Aktuelle Entwicklung im Europäischen Gesellschaftsrecht, BB 2004, 1

Becker, Dietrich: Verhaltenspflichten des Vorstands bei feindlichen Übernahmen, ZHR 165 (2001), 280

Block, Dennis L./Barton, Nancy E./Radin, Stephen A.: The Business Judgment Rule, Band 1, 5. Auflage, New York, 1998

Brian C. Brantley: Deal Protection or Deal Preclusion? A Business Judgment Rule Approach to M&A Lockups, 81 (2002 – 2003) TEX. L. REV., 345

Burgess, Kimberly J.: Gaining Perspective: Directors' Duties in the Context of „No-Shop" and „No-Talk" Provisions in Merger Agreements, 2001 COLUM. BUS. L. REV., 431

Clark, Robert Charles: Corporate Law, Boston, 1986

Coates, John C, IV & Subramanian, Guhan: A Buy-Side Model of M&A Lockups: Theory and Evidence, 53 (2000 – 2001) STAN. L. REV., 307

Dauner-Lieb, Barbara/Lamandini, Marco: Der neue Kommissionsvorschlag einer EU-Übernahmerichtlinie-Stellungnahme der Gutachter des EU-Parlaments, BB 2003, 265

Diekmann, Hans: Änderungen im Wertpapiererwerbs- und Übernahmegesetz anlässlich der Umsetzung der EU-Übernahmerichtlinie in das deutsche Recht, NJW 2007, 17

Drygala, Tim: Die deutsche Übernahmepraxis und ihre Auswirkungen auf die Vorstandspflichten nach § 33 WpÜG, ZIP 2001, 1861

Easterbrook, Frank H/Fischel, Daniel R.: Auctions and Sunk Costs in Tender Offers, 35 (1982) STAN. L. REV., 1

Ebenroth, Carsten Thomas/Daum, Thomas: Die Kompetenzen des Vorstands einer Aktiengesellschaft bei der Durchführung und Abwehr unkoordinierter Übernahmen (Teil II), DB 1991, 1157

Ehricke, Ulrich/ Ekkenga, Jens/ Oechsler, Jürgen: Kommentar zum Wertpapiererwerbs- und Übernahmegesetz, München, 2003

Fanto, James A.: Quasi-Rationality in Action: A Study of Psychological Factors in Merger Decision-Making, 62 (2001) OHIO St. L. J., 1333

Fleischer, Holger: Die „Business Judgment Rule": Vom Richterrecht zur Kodifizierung, ZIP 2004, 685

Fleischer, Holger: Konkurrenzangebote und Due Diligence, Vorüberlegungen zu einer übernahmerechtlichen Gleichbehandlung der Bieter, ZIP 2002, 651

Fleischer, Holger: Shareholders vs. Stakeholders: Aktien- und übernahmerechtliche Fragen, in: Handbuch Corporate Governance, herausgegeben von Hommelhoff, Peter/ Hopt, Klaus J./Werder, Axel von, S. 129, Köln und Stuttgart, 2003

Fleischer, Holger: Die „Business Judgment Rule" im Spiegel von Rechtsvergleichung und Rechtsökonomie, in: Festschrift für Herbert Wiedemann zum 70. Geburtstag, München, 2002, S. 827

Flume, Werner: Allgemeiner Teil des Bürgerlichen Rechts, Band 2: Das Rechtsgeschäft, 4. Auflage, Berlin, Heidelberg, New York, London, Paris, Tokyo, Hong Kong, Barcelona und Budapest, 1992

Geibel, Stephan/Süßmann, Rainer (Hrsg.): Kommentar zum Wertpapiererwerbs- und Übernahmegesetz (WpÜG), München, 2002

Griffith, Sean J.: Deal Protection Provisions in the Last Period of the Play, 71 (2002 – 2003) FORDHAM L. REV., 1899

Großkommentar zum Aktiengesetz: herausgegeben von Klaus J. Hopt und Herbert Wiedemann, 4.Auflage, Berlin, New York, 1999

Haarmann, Wilhelm/Riehmer, Klaus/Schüppen, Matthias (Hrsg.): Öffentliche Übernahmeangebote, Kommentar zum Wertpapiererwerbs- und Übernahmegesetz, Heidelberg, 2002

Hanewicz, Wayne O.: When Silence is Golden: Why the Business Judgment Rule should apply to No-Shops in Stock-for Stock Merger Agreements, 28 (2003) J. CORP. L., 205

Hirte, Heribert: Verteidigung gegen Übernahmeangebote und Rechtsschutz des Aktionärs gegen die Verteidigung, ZGR 2002, 623

Hopt, Klaus J.: Aktionärskreis und Vorstandsneutralität, ZGR 1993, 534

Hopt, Klaus J.: Europäisches und deutsches Übernahmerecht, ZHR (1997), 368

Hopt, Klaus J.: Übernahmen, Geheimhaltung und Interessenkonflikte: Probleme für Vorstände, Aufsichtsräte und Banken, ZGR 2002, 333

Hopt, Klaus J. : Verhaltenspflichten des Vorstands der Zielgesellschaft bei feindlichen Übernahmen, Zur aktien- und übernahmerechtlichen Rechtslage in Deutschland und Europa, in: Festschrift für Marcus Lutter zum 70. Geburtstag, Köln, 2000, S. 1361.

Horn, Norbert: Die Haftung des Vorstands der AG nach § 93 AktG und die Pflichten des Aufsichtsrats, ZIP 1997, 1129

Horn, Norbert: Internationale Unternehmenszusammenschlüsse, ZIP 2000, 473

Howard, Rod/Veasey, Norman/Green, Frederick: Delaware curbs Omnicare with new lockup ruling, IFLR, December 2004, 19

Hüffer, Uwe: Aktiengesetz, 7. Auflage, München, 2006

Immenga, Ulrich : Vertragliche Vinkulierung von Aktien?, AG 1992, 79

Kahan, Marcel/Klausner, Michael: Lockups and the Market for Corporate Control, 48 (1996) STAN. L. REV., 1539

Kindler, Peter: Unternehmerisches Ermessen und Pflichtenbindung, ZHR 162 (1998), 101

Kindler, Peter/Horstmann, Hendrik: Die EU-Übernahmerichtlinie – Ein „europäischer“ Kompromiss, DStR 2004, 866

Kirchner, Christian: Neutralitäts- und Stillhaltepflicht des Vorstands der Zielgesellschaft im Übernahmerecht, AG 1999, 481

Klein, William A./Coffee, John C.: Business Organization and Finance, 7. Auflage, Westbury, N.Y., 2000
Knepper, William E./Bailey, Dan A.: Liability of Corporate Officers and Directors, 7. Auflage, 2004
Koch, Bastian: Die Neutralitätspflicht des Vorstands einer Aktiengesellschaft bei Abwehrmaßnahmen gegen feindliche Übernahmeangebote, Dissertation Kiel, 2001
Kock, Martin/Dinkel, Renate: Die zivilrechtliche Haftung von Vorständen für unternehmerische Entscheidungen, NGZ 2004, 441
Kölner Kommentar zum Aktiengesetz: herausgegeben von Wolfgang Zöllner, Band 2, §§ 76 – 117 AktG und Mitbestimmung im Aufsichtsrat, 2. Auflage, Köln, Berlin, Bonn und München, 1996
Kölner Kommentar zum WpÜG mit AngebVO und §§ 327a – 327 f AktG: herausgegeben von Heribert Hirte und Christoph Bülow, Köln, Bonn, Berlin und München, 2003
Krause, Hartmut: Zur „Pool- und Frontenbildung“ im Übernahmekampf und zur Organzuständigkeit für Abwehrmaßnahmen gegen „feindliche“ Übernahmen, AG 2000, 217
Krause, Hartmut: BB-Europareport: Die EU-Übernahmerichtlinie – Anpassungsbedarf im Wertpapiererwerbs- und Übernahmegesetz, BB 2004, 113
Larenz, Karl/ Wolf, Manfred: Allgemeiner Teil des Bürgerlichen Rechts, 9. Auflage, München, 2004
Laster, J. Travis: Exposing a False Dichotomy: The Implications of the No-Talk Cases for the Time/Revlon Double Standard, 32 (2000) DEL. L. REV., 179
Lebovitch, Mark/Morrison, Peter B.: Calling a Duck a Duck: Determining the Validity of Deal Protection Provisions in Merger of Equals Transactions, 2001 COLUM. BUS. L. REV., 1
Lipton, Martin/ Steinberger, Erica H.: Takeovers & Freezeouts, New York, 1978
Lutter, Marcus: Die Business Judgment Rule und ihre praktische Anwendung, ZIP 2007, 841
Lüpkemann, Sabine: Das haftungsfreie wirtschaftliche Ermessen in der Aktiengesellschaft, Dissertation Hannover, 2003
Maier-Reimer, Georg: Verhaltenspflichten des Vorstands der Zielgesellschaft bei feindlichen Übernahmen, ZHR 165 (2001), 258
Martens, Klaus-Peter: Der Einfluß von Vorstand und Aufsichtsrat auf Kompetenzen und Struktur der Aktionäre – Unternehmensverantwortung contra Neutralitätspflicht, in: Festschrift für Karl Beusch zum 68. Geburtstag, Berlin und New York, 1993, S. 529

Maul, Silja/ Muffat-Jeandet, Danièle: Die EU-Übernahmerichtlinie – Inhalt und Umsetzung in nationales Recht, AG 2004, 221 (Teil 1) und AG 2004, 306 (Teil 2)

Medicus, Dieter: Allgemeiner Teil des BGB, 8. Auflage, Heidelberg, 2002

Meyer, Andreas: Änderungen im WpÜG durch die Umsetzung der EU-Übernahmerichtlinie, WM 2006, 1135

Merkt, Hanno: Verhaltenspflichten des Vorstands der Zielgesellschaft bei feindlichen Übernahmen, ZHR 165 (2001), 224

Merkt, Hanno: Änderungen im Übernahmerecht nach Umsetzung der EG-Übernahmerichtlinie: Das deutsche Umsetzungsgesetz und verbleibende Problemfelder, BB 2006, 1285

Mitchell, Lawrence E/Cunningham, Lawrence A./Solomon, Lewis D. : Corporate Finance and Governance, 2. Auflage, Durham, 1996

Mülbert, Peter: Die Zielgesellschaft im Vorschlag 1997 einer Takeover-Richtlinie – zwei folgenreiche Eingriffe ins deutsche Aktienrecht, IStR 1999, 83

Münchener Kommentar zum Aktiengesetz: herausgegeben von Bruno Kropff und Johannes Semmler, Band 3, §§ 76 – 117 AktG, MittbestG und § 76 BetrVG 1952, 2. Auflage, München, 2004

Münchener Kommentar Bürgerliches Gesetzbuch: herausgegeben von Kurt Rebmann, Franz Jürgen Säcker und Roland Rixecker, Band 1, Allgemeiner Teil, §§ 1 – 240 und AGB-Gesetz, 4. Auflage, München 2001

Neye, Hans-Werner: Die EU-Richtlinie auf der Zielgeraden, ZIP 2001, 1120

Oltmanns, Martin: Geschäftsleiterhaftung und unternehmerisches Ermessen, Die Business Judgment Rule im deutschen und amerikanischen Recht, Dissertation Bonn, 2000

Paefgen, Walter G.: Dogmatische Grundlagen, Anwendungsbereich und Formulierung einer Business Judgment Rule im künftigen UMAG, AG 2004, 245

Palandt, Otto (Begr.): Bürgerliches Gesetzbuch, 66. Auflage, München, 2007

Regan, Paul L.: Great Expectations? A Contract Law Analysis for Preclusive Corporate Lock-Ups, 21 (1999) CARDOZO L. REV., 1

Rieckers,Oliver: Treuepflichten versus Vertragsfreiheit, Neues zur Wirksamkeit von Deal-Protection-Klauseln in der Rechtsprechung Delawares, RIW 2003, 668

Roth, Markus: Das unternehmerische Ermessen des Vorstands, BB 2004, 1066

Schüpen, Matthias: WpÜG-Reform: Alles Europa, oder was?, BB 2006, 165

Seibt, Christoph/Heiser, Kristian: Analyse des Übernahmerichtlinie-Umsetzungsgesetzes (Regierungsentwurf), AG 2006, 301

Sieger, Jürgen J./Hasselbach, Kai: Break Fee-Vereinbarungen bei Unternehmenskäufen, BB 2000, 625

Soergel, Hans Theodor (Begr.): Bürgerliches Gesetzbuch, Band 2, Allgemeiner Teil 2, 13. Auflage, Stuttgart, Berlin, Köln und Mainz, 1999

Staudinger, Julius von (Begr.): Kommentar zum Bürgerlichen Gesetzbuch mit Einführungsgesetz und Nebengesetzen, Allgemeiner Teil 5, §§ 164 – 240, Neubearbeitung 2004, Berlin, 2004

Steinmeyer, Roland/Häger, Michael: Kommentar zum Wertpapiererwerbs- und Übernahmegesetz, 2. Auflage, Berlin, 2006

Strine, Leo E., Jr.: Categorical Confusion: Deal Protection Measures in Stock-for-Stock Merger Agreements, 56 (2001) BUS. LAW., 919

Taylor, Celia R.: „A Delicate Interplay": Resolving the Contract and Corporate Law Tension in Mergers, 74 (1999) TUL. L. REV., 561

Thaeter, Ralf/Brandi, Tim Oliver (Hrsg.) : Öffentliche Übernahmen, Recht und Praxis der Übernahme börsennotierter Unternehmen, München, 2003

Thümmel, Roderich C.: Organhaftung nach dem Referentenentwurf des Gesetzes zur Unternehmensintegrität und Modernisierung des Anfechtungsrechts (UMAG) – Neue Risiken für Manager?, DB 2004, 471

Ulmer, Peter: Die Aktionärsklage als Instrument zur Kontrolle des Vorstands- und Aufsichtsratshandelns, ZHR 163 (1999), 290

Ulmer, Peter: Haftungsfreistellung bis zur Grenze grober Fahrlässigkeit bei unternehmerischen Fehlentscheidungen von Vorstand und Aufsichtsrat?, DB 2004, 859

Varallo, Gregory V./Raju, Srinivas M.: A Process Based Model for Analyzing Deal Protection Measures, 55 (2000) BUS. LAW., 1609

Varallo, Gregory V./Raju, Srinivas M.: A Fresh Look At Deal Protection Devices: Out from the Shadow of the Omnipresent Spectre, 26 (2001) DEL. J. CORP. L., 975

Wiesner, Peter: Die neue Übernahmerichtlinie und die Folgen, ZIP 2004, 343

Wilsing, Hans-Ulrich: Neuerungen des UMAG für die aktienrechtliche Beratungspraxis, ZIP 2004, 1082

Zech, Alexandra: Verhaltenspflichten des Vorstands der Zielgesellschaft in Bezug auf Abwehrmaßnahmen nach dem Wertpapier- und Übernahmegesetz (WpÜG), Dissertation Augsburg, 2002

Zöller, Richard (Begr.): Zivilprozessordnung, 26. Auflage, Köln, 2007

Schriften zum Wirtschafts- und Medienrecht, Steuerrecht und Zivilprozeßrecht

Herausgegeben von Jürgen Costede und Gerald Spindler

Band 1 Reiner Fu: Die stille Gesellschaft im internationalen Steuerrecht aus deutscher Sicht. 1997.

Band 2 Kirsten Forsblad: Restschuldbefreiung und Verbraucherinsolvenz im künftigen deutschen Insolvenzrecht. 1997.

Band 3 Vassilios Tountopoulos: Die Reichweite der registerrechtlichen Gründungsprüfung einer AG. Eine Untersuchung unter rechtsvergleichendem Aspekt. 1998.

Band 4 Franc Pfahl: Die Maßgeblichkeit der Handelsbilanz, ein dem Steuerbilanzrecht vorgegebenes Grundprinzip? Von der Notwendigkeit einer steuerrechtlichen Begründung der durch § 5 Abs. 1 EStG in das Steuerrecht übernommenen handelsrechtlichen Vorschriften der Gewinnermittlung. 1999.

Band 5 Michael Schröder: Die Wertpapierhandelsaufsicht nach dem Zweiten Finanzmarktförderungsgesetz. 1998.

Band 6 Daniela Hasche: Die Sachgründung der GmbH. 1999.

Band 7 Oliver Wendt: Die rechtliche Problematik von Strahlenschäden. Rechtliche und rechtstatsächliche Aspekte der Haftung für Strahlenschäden unter Einbeziehung der Vorfälle in der strahlentherapeutischen Abteilung des Universitäts-Krankenhauses Eppendorf. 2000.

Band 8 Susanne Matussek: Zum Werbungskostenbegriff im Einkommensteuerrecht. 2000.

Band 9 Klaas Ziervogel: Rufausbeutung im Rahmen vergleichender Werbung. Veränderungen im Zuge der gesetzlichen Regelung vergleichender Werbung. 2002.

Band 10 Sven Wortberg: Lösungsklauseln und Insolvenz. 2003.

Band 11 Eva Ullrich: Die Zurechnung von Buchgutschriften. Zufluß und Leistungsfähigkeit im Einkommensteuerrecht. 2004.

Band 12 Carmen Werner: Einkommensteuerrechtliche Zurechnungen bei mittelbaren Beteiligungen an Personengesellschaften. 2003.

Band 13 Ulf Andreas Nissen: Die Online-Videokonferenz im Zivilprozess. 2004.

Band 14 Oliver Wiegmann: Grund, Grenzen und Wirkungsweise des § 105 InsO. 2004.

Band 15 Holger Seidler: Eigene Aktien. Eine Analyse des Aktien-, Handelsbilanz- und Kapitalmarktrechts zur Ermittlung von Deregulierungspotential und Regulierungsbedarf. 2004.

Band 16 Stefan Eck: Providerhaftung von Konzernunternehmen. Rechtliche Zusammenschau von Konzernunternehmen bei der Verbreitung rechtsverletzender Informationen im Internet. 2004.

Band 17 Frauke Fasold: Die einkommensteuerliche Problematik der Buchwertfortführung. Übertragung stiller Reserven und Gewinnrealisierung im Einkommensteuerrecht. 2005.

Band 18 Thomas Linke: Selbstregulierte Streitlösung für deutsche Domains. 2005.

Band 19 Malte Abel: Pfändungsschutz nach § 851 ZPO. Speziell die Pfändung zweckgebundener Forderungen. 2005.

Band 20 Harriet Eidam: Typische Risiken des elektronischen Rechtsgeschäftsverkehrs. 2005.

Band 21 Katharina Schmitz: Haftung für Links. Zur Verantwortlichkeit des Hyperlinksetzers und Suchmaschinenbetreibers unter besonderer Berücksichtigung von Verkehrs- und Garantenpflichten. 2006.

Band 22 Thomas Miserre: Rundfunk-, Multimedia- und Telekommunikationsrecht. Abgrenzung der Anwendungsbereiche von Art. 5 I 2 GG, Rundfunkstaatsvertrag, Teledienstegesetz, Mediendienstestaatsvertrag und Telekommunikationsgesetz. 2006.

Band 23 Mona Bandehzadeh: Jugendschutz im Rundfunk und in den Telemedien. Eine Würdigung des Staatsvertrages über den Schutz der Menschenwürde und den Jugendschutz in Rundfunk und Telemedien unter verfassungsrechtlichen Aspekten. 2007.

Band 24 Judith Volkmann: Mediation im Zivilprozess. Rechtliche Rahmenbedingungen für ein gerichtsinternes Mediationsangebot. 2006.

Band 25 Tino Grattenthaler: Die Vergütung von Vorstandsmitgliedern in Aktiengesellschaften. Eine grundlegende Betrachtung mit ausgesuchten Schwerpunkten aus rechtswissenschaftlicher Sicht. 2007.

Band 26 Till Dunckel: Online-Auktionen und Wettbewerbsrecht. 2007.

Band 27 Lena Katharina Landsmann: Die stille Gesellschaft in der Insolvenz. 2007.

Band 28 Jan Riebeling: Der Einsatz von Informations- und Kommunikationstechnologie im Insolvenzverfahren. 2007.

Band 29 Daniela Stiegel: Aktienoptionen als Vergütungselement aus arbeitsrechtlicher Sicht. Eine Vergütungsform an der Schnittstelle von Arbeits- und Gesellschaftsrecht. 2007.

Band 30 Jia Li: Nutzungen und Nutzungsrechte im Einkommensteuerrecht. 2007.

Band 31 Olaf Koglin: Opensourcerecht. Die urheber- und schuldrechtlichen Beziehungen zwischen Lizenzgeber und Lizenznehmer bei Open Source Software am Beispiel der General Public License (GPL). 2007.

Band 32 Katharina Padberg: Die Bedeutung des Börsenkurses für die Höhe von Barabfindungen. 2008.

Band 33 Karl Friedrich Balz: No-Shop-Vereinbarungen nach amerikanischem und deutschem Recht. 2008

Karsten Hilmer

Die Übernahmerichtlinie und ihre Umsetzung in das deutsche Recht

Eine Analyse des Übernahmerichtlinie-Umsetzungsgesetzes

Frankfurt am Main, Berlin, Bern, Bruxelles, New York, Oxford, Wien, 2007.
XLII, 438 S., 2 Tab.
Europäische Hochschulschriften: Reihe 2, Rechtswissenschaft. Bd. 4524
ISBN 978-3-631-56551-3 · br. € 71.70*

Das Übernahmerecht ist von außerordentlicher praktischer Relevanz. Das Transaktionsvolumen von Fusionen und Übernahmen in Europa erreichte in 2006 den höchsten Stand seit dem Jahr 2000. Den europäischen Rechtsrahmen für Unternehmensübernahmen bildet die Übernahmerichtlinie (RL 2004/25/EG). Sie und ihre Umsetzung in das deutsche Recht sind Gegenstand dieser Untersuchung. Zunächst wird ausgehend von den Richtlinienvorgaben der Anpassungsbedarf bezüglich des 2002 in Kraft getretenen WpÜG dargelegt. Anschließend folgt eine Analyse der am 14. Juli 2006 in Kraft getretenen Änderungen des WpÜG durch das Übernahmerichtlinie-Umsetzungsgesetz. Schwerpunkte der Arbeit bilden die Zuständigkeit und das anwendbare Recht, das Pflichtangebot, das Optionsmodell, der Squeeze Out und der Sell Out.

Aus dem Inhalt: Umsetzung der Übernahmerichtlinie in das deutsche Recht · Analyse des Übernahmerichtlinie-Umsetzungsgesetzes, insbesondere Zuständigkeit und anwendbares Recht, Pflichtangebot, Optionsmodell bezüglich der Pflichten des Leitungs- bzw. Verwaltungsorgans und bezüglich der Durchgriffsregelung · Squeeze Out · Sell Out

Kolibri 360 GmbH
Ferdinand-Jühlke-Straße 7
99095 Erfurt, Deutschland
produktsicherheit@kolibri360.de

Druck:
CPI Druckdienstleistungen GmbH
im Auftrag der
Kolibri 360 GmbH
Ferdinand-Jühlke-Str. 7
99095 Erfurt